BEI GRIN MACHT SICH IHR WISSEN BEZAHLT

- Wir veröffentlichen Ihre Hausarbeit, Bachelor- und Masterarbeit

- Ihr eigenes eBook und Buch - weltweit in allen wichtigen Shops

- Verdienen Sie an jedem Verkauf

Jetzt bei www.GRIN.com hochladen und kostenlos publizieren

Felix Urbanczyk

Die Illusion der Chancengleichheit

Eine Untersuchung des Einflusses der sozialen Herkunft auf den Schulerfolg

GRIN Verlag

Bibliografische Information der Deutschen Nationalbibliothek:

Die Deutsche Bibliothek verzeichnet diese Publikation in der Deutschen Nationalbibliografie; detaillierte bibliografische Daten sind im Internet über http://dnb.d-nb.de/ abrufbar.

Dieses Werk sowie alle darin enthaltenen einzelnen Beiträge und Abbildungen sind urheberrechtlich geschützt. Jede Verwertung, die nicht ausdrücklich vom Urheberrechtsschutz zugelassen ist, bedarf der vorherigen Zustimmung des Verlages. Das gilt insbesondere für Vervielfältigungen, Bearbeitungen, Übersetzungen, Mikroverfilmungen, Auswertungen durch Datenbanken und für die Einspeicherung und Verarbeitung in elektronische Systeme. Alle Rechte, auch die des auszugsweisen Nachdrucks, der fotomechanischen Wiedergabe (einschließlich Mikrokopie) sowie der Auswertung durch Datenbanken oder ähnliche Einrichtungen, vorbehalten.

Impressum:

Copyright © 2012 GRIN Verlag, Open Publishing GmbH
Druck und Bindung: Books on Demand GmbH, Norderstedt Germany
ISBN: 978-3-656-44332-2

Dieses Buch bei GRIN:

http://www.grin.com/de/e-book/213278/die-illusion-der-chancengleichheit

GRIN - Your knowledge has value

Der GRIN Verlag publiziert seit 1998 wissenschaftliche Arbeiten von Studenten, Hochschullehrern und anderen Akademikern als eBook und gedrucktes Buch. Die Verlagswebsite www.grin.com ist die ideale Plattform zur Veröffentlichung von Hausarbeiten, Abschlussarbeiten, wissenschaftlichen Aufsätzen, Dissertationen und Fachbüchern.

Besuchen Sie uns im Internet:

http://www.grin.com/

http://www.facebook.com/grincom

http://www.twitter.com/grin_com

Hausarbeit der Ordnung für die Prüfung im
lehramtsbezogenen Bachelorstudiengang
an der Johannes Gutenberg-Universität Mainz
07. Februar 2012

Schulerfolg – vorherbestimmt oder frei wählbar?

Hausarbeit zur Erlangung des
Akademischen Grades
eines Bachelor of Education

vorgelegt dem Fachbereich Sozialwissenschaften, Medien und Sport
der Johannes Gutenberg-Universität Mainz
Bildungswissenschaften
Geographie
Sportwissenschaften

von

Felix Urbanczyk

2012

Inhaltsverzeichnis

1 Einleitung 3
2 Definitionen 5
   2.1 Erläuterung der Chancengleichheit in der Bildung 5
   2.2 Der Begriff der sozialen Herkunft 6
3 Die Bildungsexpansion 8
4 Ursachen und Faktoren der Bildungsbenachteiligungen 13
   4.1 Soziale Ungleichheiten innerhalb der Schule 13
   4.2 Soziale Ungleichheiten bei Bildungsübergängen 18
      4.2.1 Die Problematik des dreigliedrigen Schulsystems 18
      4.2.2 Die schichtspezifische Empfehlungsaussprechung der Lehrkräfte 21
   4.3 Die Rolle der Eltern, der Familie und des Umfelds 26
      4.3.1 Ungleiche Bildungschancen auf Grund der sozialen Herkunft der Eltern – Einblick in die Theorie von Boudon 26
      4.3.2 Die Schulabschlüsse der Eltern 29
      4.3.3 Auswirkungen der sozialen Herkunft und des Umfeldes auf die Schullaufbahn 31
   4.4 Auswirkungen des schichtspezifischen Sprachgebrauchs 33
5 Fazit 36
Literaturverzeichnis 37
Abbildungs- und Tabellenverzeichnis 41

1 Einleitung

Die allgemeine Meinung der Gesellschaft in Bezug auf den schulischen Erfolg, welche auch als „meritokratische Illusion" (Geißler 2006a: 40) bezeichnet wird, lautet: „Wenn man sich anstrengt, dann kommt man auch weiter". Ob diese Aussagen stets zutreffend sind, muss jedoch als äußerst fragwürdig betrachtet werden. Denn was ist, wenn einer/einem Schülerin/Schüler die Ressourcen fehlen? Was wenn die Eltern nicht ausreichend Kapital besitzen, um ihrem Kind das von der Schule geforderte Schulbuch zu kaufen? Was sind die Folgen, wenn die/der Lernende, aus welchen Gründen auch immer, keine Unterstützung des Elternhauses erfährt und in sozial denkbar schlechten Verhältnissen aufwächst? Was, wenn in der Institution Schule, Kinder aus sozial schwachen Schichten von den Lehrkräften von Grund auf benachteiligt werden? Und wäre es nicht möglich, dass ein Kind zwar gute Ideen hat, sich aber nicht gut genug ausdrücken kann, um seinen Standpunkt und seine Denkweisen darzustellen?

Etliche weitere Fragen könnten auf die oben genannte Aussage gestellt werden. Daher sollte zunächst kritisch hinterfragt werden, ob es ausreicht, sich „einfach anzustrengen". Auch in den Medien, wie beispielsweise in einem Online-Artikel der Wochenzeitung „Die Zeit" aus dem Jahre 2008 (Müller-Benedict 2008), wird immer häufiger darüber informiert, dass die soziale Herkunft direkten Einfluss auf die Schullaufbahn und zukünftige Chancen nehmen kann. Teilweise wird sogar berichtet, dass die Herkunft die Leistung schlägt und der Erfolg lediglich vererbt wird (vgl. Mayer-Kuckuk, 2004). Viele Komponenten und Variablen können eine entscheidende Rolle für den Schulerfolg spielen. In dieser Arbeit sollen einige Merkmale, welche unmittelbar Einfluss auf den Erfolg in der Schule nehmen können aufgezeigt werden, um somit zu einer Beantwortung folgender Fragestellung beizutragen: „Schulerfolg – vorherbestimmt oder frei wählbar?".

Um deutlich zu machen, wie sich die soziale Herkunft auf den Erfolg in der Schule auswirkt und in wie weit in Deutschland eine Chancengleichheit überhaupt vorhanden ist, wird in dieser Arbeit auf die Sichtweise ausgewählter und wissenschaftlich anerkannter Autoren verwiesen. Die unterschiedlichen Perspektiven werden durchleuchtet und analysiert, um einen wissenschaftlichen Einblick in die Problematik zu erhalten. Insbesondere die Einflussbereiche Sprache, die Rolle der Eltern, die Institution Schule selbst und die Überschrittsentscheidung von der Grundschule zu einer weiterführenden Schulform werden hierbei genauer untersucht und sollen die bestehende Problematik unseres Bildungssystems und den Zusammenhang von

Schulerfolg und sozialer Herkunft verdeutlichen. Des Weiteren soll dadurch auch auf Probleme bezüglich der angestrebten Chancengleichheit verwiesen werden.

An dieser Stelle sollte noch erwähnt werden, dass in dieser Arbeit im Allgemeinen auf internationale Vergleiche verzichtet wird, da das Augenmerk lediglich auf das Bildungssystem in Deutschland gerichtet ist. Des Weiteren muss festgehalten werden, dass diese Arbeit lediglich einen Einblick in ausgewählte Themengebiete gestattet und keinesfalls einen Themenkomplex vollständig abdeckt, da der gewollte und geforderte Umfang folgender Ausarbeitung, diesem nicht gerecht werden würde.

2 Definitionen

Um dieser Arbeit folgen zu können, sind zunächst einige Begriffsdefinitionen notwendig. Insbesondere die Begriffe Chancengleichheit in der Bildung und soziale Herkunft sind von großer Bedeutung, da sie beide unmittelbar mit dem Schulerfolg und den Bildungschancen zusammenhängen. Des Weiteren soll der Begriff der schichtspezifischen Ungleichheit der Bildungschancen im Laufe der Definition für soziale Herkunft mit einbezogen werden, um bereits einen Zusammenhang von Bildungschancen und sozialer Herkunft aufzuzeigen bzw. anzudeuten.

2.1 Erläuterung der Chancengleichheit in der Bildung

Der Begriff der Chancengleichheit in der Bildung ist bislang nicht eindeutig definiert, da unterschiedliche Meinungen bezüglich des Terminus vertreten werden (Köhler 1992: 15). Becker verweist auf den Artikel 3, Absatz 3 des Grundgesetzes, da aus diesem deutlich wird, dass unser sozialdemokratischer Staat der Verpflichtung des Gleichheitsprinzips folgt. Dahingehend muss die Konsequenz unseres Bildungssystems lauten, dass jeder dasselbe Recht auf Bildung und denselben Zugang zur Bildung hat, um eine Bildungschancengleichheit zu erreichen (Becker 2010: 161). Der Terminus Chancengleichheit in der Bildung war lange Zeit irrelevant, bis in den 60er Jahren eine empirische Studie aus der westlichen Welt offen legte, dass gewisse Schülerinnen/Schüler auf Grund von unterschiedlichen Merkmale bevorzugt bzw. benachteiligt werden und die Chancen auf Bildung alles andere als gleich verteilt sind. Um die Chancengleichheit folglich zu verbessern, leitete die Bildungspolitik erfolgreich erste Maßnahmen ein, wie beispielsweise die Abschaffung der individuellen Auswahl für die weiterführenden Schulen (Wulf 1976: 115). Aufgrund der weit auseinandergehenden Ansichten in Bezug auf den Begriff der Chancengleichheit in der Bildung, werden hier lediglich die individualistisch-liberale und die sozialistische Position erläutert, da sie an dieser Stelle für ein Grundverständnis vollkommen ausreichen. Die liberale Position fordert die Aufbesserung der so genannten Startchancen. Dies bedeutet, dass jedem Einzelnen dieselben Bildungsvoraussetzungen gegeben werden, wie beispielsweise die einheitliche Ausstattung aller Schulen, um eine ausgeglichene Chancenverteilung in Bezug auf den Bildungswettkampf zu ermöglichen. Die sozialistische Position hingegen ist der Meinung, dass es auf Grund der vorherrschenden gesellschaftlichen Ungleichheit unmöglich ist, eine höhere Chancengleichheit in der Bildung zu erzielen. Daher ist es der sozialistischen Position zu folge notwendig, jegliche gesellschaftliche

Benachteiligungen und Bevorzugungen abzuschaffen, um eine Chancengleichheit in der Bildung zu erreichen. Nebenbei erwähnt, kann sich diese kritische Position auf zahlreiche Studien und Untersuchungen stützen, welche deren Grundposition bestätigen (ebd.: 116).

Letztlich muss an dieser Stelle festgehalten werden, dass die Chancengleichheit in der Bildung lediglich eine Idee, ja sogar eine Illusion ist und bleiben wird. Sie vollständig zu erreichen, wird auf Grund der immer bestehenden Disparitäten in der Menschheit nicht möglich sein. Um vollkommene Gleichheit in der Menschheit zu erzielen, müsste man so zu sagen wieder bei null anfangen. Man wird sich der Gleichheit zwar annähern können, sie aber vollwertig zu erreichen, scheint schier unmöglich. Es muss daher die Frage gestellt werden, in wie weit es möglich ist, zur Chancengleichheit beizutragen, um die vorherrschende Chancenungleichheit der Bildungschancen zu vermindern.

2.2 Der Begriff der sozialen Herkunft

Der Begriff der sozialen Herkunft beschreibt die Aufteilung oder Differenzierung der Gesellschaft in unterschiedliche soziale Schichten. Der soziale Schichtbegriff ist einer der Grundbegriffe der Soziologie und ein zentraler Begriff in der Bildungsforschung und wird in nahezu allen Teildisziplinen der Gesellschaftswissenschaft verwendet. Daher taucht dieser Terminus in etliche Versionen auf (Geißler 1994: 7). Die soziale Herkunft „[...] bezeichnet Aspekte, die im Zusammenhang mit der sozialen Position eines Menschen in der Gesellschaft stehen, dazu zählen sowohl Status, Bildung, der ökonomische Hintergrund und Migrationserfahrungen" (Schauenberg 2007: 26). Je niedriger die soziale Herkunft also ist, desto überschaubarer gestalten sich die Möglichkeiten. Dies kann sich beispielsweise in geringeren Chancen in der Bildung ausdrücken (ebd.). Zur Aufklärung und Festlegung der sozialen Herkunft, sollen unter anderem die so genannten Schichtkonzepte beitragen. „Der gemeinsame Nenner aller Schichtkonzepte besteht in dem Bemühen, die Gesamtbevölkerung einer Gesellschaft in verschiedene Gruppierungen – „die Schichten" – zu untergliedern, die sich im Hinblick auf ihre Lebenslagen und die damit zusammenhängenden Chancen (auf Einkommen, auf Bildung, auf Einfluß, auf Prestige u. a.) unterscheiden." (Geißler 1994: 7). Die soziale Herkunft ist somit von unterschiedlichen schichtspezifischen Merkmalen und Indikatoren abhängig. Über verschiedene Schicht- und Klassenmodelle wird versucht die Gesellschaft nach der sozialen Herkunft zu unterteilen, um die soziale Ungleichheit zu ordnen. Die Modelle unterscheiden sich insbesondere in der Anzahl der Schichten und der Anzahl der Merkmale, welche einbezogen werden, um eine Schicht folglich zu definieren.

Klassisch wird differenziert in Arbeiterschicht, Mittelschicht und Oberschicht. Diese drei Schichten werden meist wiederum, unter Berücksichtigung weiterer Merkmale, individuell differenziert (Geißler 2006b: 97-103). In Zusammenhang mit der sozialen Herkunft, tritt häufig auch der Begriff der schichtspezifischen Ungleichheit der Bildungschancen mit auf. Wie bereits bei der Definition des Begriffs der Chancengleichheit in der Bildung erwähnt, hat es unterschiedliche Gründe für die ungleiche Chancenverteilung in der Bildung (vgl. Kapitel 2.1). Einer dieser Gründe steht im Zusammenhang mit dem sozialen Status und somit der schichtspezifischen Ungleichheit der Bildungschancen.

Karl Martin Bolte beispielsweise, stellte sechs Vermutungen für die Ursachen sozialer Ungleichheit auf. Zum einen sieht er die natürlichen Unterschiede als Ursache, welche Geschlecht und physische Merkmale mit einbeziehen. Diese Ansicht war jedoch eher in älteren Zeiten von Bedeutung. Zum anderen vermutet er, dass das Privateigentum eine entscheidende Rolle in Bezug auf die soziale Ungleichheit ein nimmt. Die weiteren Ursachen nach Bolte sind das gesellschaftliche Belohnungssystem, Normen und Macht als Bestimmungsgrund sozialer Ungleichheit und die Disparität der Lebensbereiche (Bolte/Kappe/Neidhardt 1974: 15-26). Beschäftigt man sich mit diesen sechs Bereichen genauer, wird man schnell feststellen können, dass all diese Bereiche auch Auswirkungen auf die Bildungschancen haben können. Beispielsweise ist es den Eltern ohne ausreichend Privateigentum bzw. Kapital nur sehr schwer möglich, den Kindern dieselben Voraussetzungen zu bieten, wie Kindern der höheren Schichten. Privatschulen oder Nachhilfeunterricht sind für Kinder der unteren Schicht meist kein Thema. Auch der Bereich Macht nimmt unmittelbar Einfluss auf die Chancen in der Bildung. Je besser die Beziehungen und je höher der Einfluss in der Gesellschaft, desto höher sind auch die Chancen auf Bildung. Der Bereich der Macht wirkt sich folglich auch auf die Kinder positiv aus. In diesem Zusammenhang wird ebenfalls deutlich welche Auswirkungen die soziale Herkunft der Familie auf die Bildungschancen der Kinder hat. Damit verbunden ist schließlich auch das kulturelle und das soziale Kapital, Begriffe welche der Soziologe Bourdieu prägte, welche letztlich über die Einordnung in unserer Gesellschaft ausschlaggebend mitentscheidet (Brake/Kunze 2004: 72). Doch später näheres dazu.

An dieser Stelle soll und kann lediglich festgehalten werden, dass die soziale Herkunft und die schichtspezifische Ungleichheit eng mit den Bildungschancen verbunden sind und dass die beiden Begriffe in der Realität unmittelbaren Einfluss auf die Schullaufbahn und den Erfolg in der Schule haben können.

3 Die Bildungsexpansion

Dieses Kapitel soll lediglich die Problematik des Themenbereichs aufzeigen, um den Zusammenhang zwischen der sozialen Herkunft und der Bildungsexpansion nachvollziehen zu können. Die weitreichenden Befunde und Analysen bezüglich der Bildungsexpansion in Deutschland und deren allgemeine Folgen werden in dieser Arbeit bewusst nicht ausführlich aufgegriffen. Des Weiteren trägt dieses Kapitel zur Erläuterung des Zusammenhangs zwischen den Bildungschancen und der sozialen Herkunft bei.

In den 60er-Jahren wurde festgestellt, dass Deutschland in Sachen Bildung gegenüber anderen Ländern und Gesellschaften deutlich in Rückstand geraten ist und die Bildungsbeteiligung zu wünschen übrig ließ. Des Weiteren wurde durch zahlreiche Studien belegt, dass soziale Ungleichheiten bezüglich der Chancenverteilung in der Bildung bestehen. So wurde einst von Picht der „Bildungsnotstand" ausgerufen. Aufgrund der schichtspezifischen Ungleichheit der Bildungschancen forderte Dahrendorf letztlich das Recht aller Bürger auf Bildung (Becker 2006a: 27 f.). Über unterschiedliche Reformmaßnahmen erhoffte man sich über eine Bildungsexpansion, „Reform und Ausdehnung des sekundären und tertiären Bildungswesens, gestiegene Bildungsbeteiligung, längere Verweildauer im Bildungssystem und vermehrter Erwerb höherer Bildungsabschlüsse" (ebd.: 28), einen Bildungsaufschwung und den fortwährenden Abbau von Bildungsungleichheiten (ebd.).

Ob die beabsichtigten Ziele erreicht wurden, lässt sich allerdings nicht mit Ja beantworten. Die Bildungsexpansion brachte Vor- und Nachteile mit sich. Zunächst zu den Vorteilen. Durch die Bildungsexpansion wurde erreicht, dass Allen ein besserer Zugang zur Bildung ermöglicht wurde. In Folge dessen stieg natürlich auch die Anzahl der Bildungsbeteiligten. Ebenso konnte das allgemeine Bildungsniveau gesteigert werden (ebd.: 29). Dies bedeutet letztendlich, dass die Expansion des Bildungswesens eine fortwährende verbesserte Bevölkerungsqualifikation hervorgerufen hat. „Die Qualifikationsstruktur der Gesellschaft verbessert sich langsam, aber stetig, weil die schlechter qualifizierten älteren Jahrgänge wegsterben und besser ausgebildete jüngere Jahrgänge nachwachsen" (Geißler 2006b: 277). Welche bedeutenden Unterschiede sich bei der Bildungsbeteiligung, in Bezug auf die Verteilung auf die Schulformen, im Zeitraum von 1952 und 1999 entwickelt haben, zeigt der Vergleich der beiden nun folgenden Abbildungen, entnommen aus einer Studie Geißlers (Schauenberg 2007: 31).

Abb. 1: *Das Bildungswesen in Deutschland 1952 – Verteilung auf die Schulformen (Schauenberg 2007: 31)*

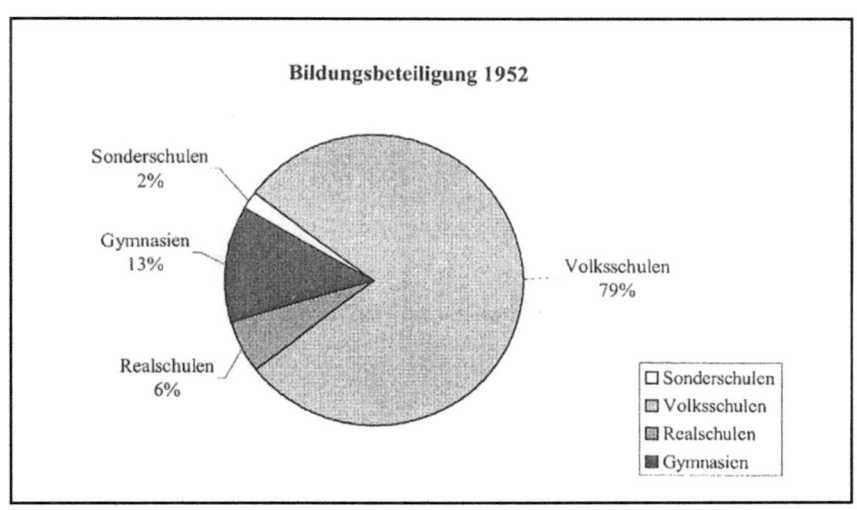

Abb. 2: *Bildungswesen in Deutschland 1999 – Verteilung auf die Schulformen (Schauenberg 2007: 32)*
* Integrierte Haupt- und Realschulen, ** Integrierte Gesamtschulen

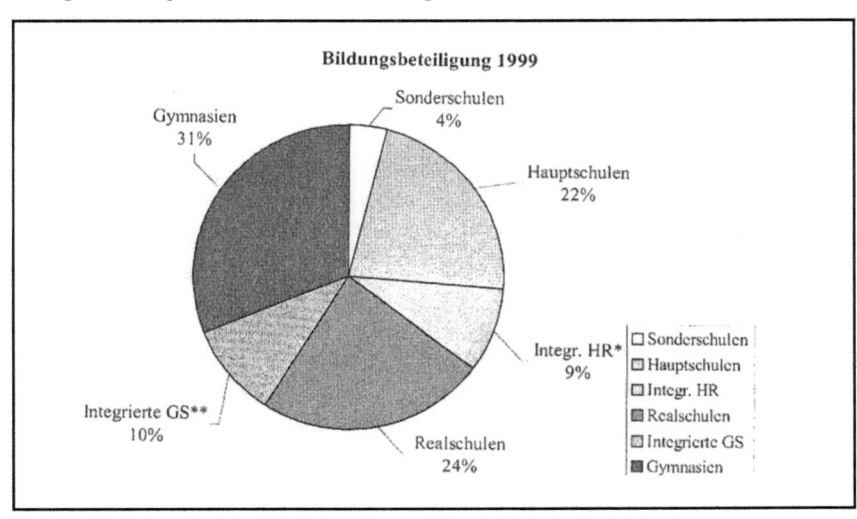

Aus den beiden Abbildungen kann man deutlich erkennen, wie exorbitant die Umverteilung vonstatten ging. Der Anteil der Bildungsbeteiligung an der Volks-, später dann der Hauptschule, ist in dem genannten Zeitraum von 79% auf 22% gesunken, während die Realschulen und die Gymnasien einen drastischen Anstieg verzeichnen konnten. So besuchten 1952 noch 6% der Kinder eine Realschule und 13% ein Gymnasium. 1999 stiegen diese Prozentwerte auf 24% bei den Realschulen und auf 31% bei den Gymnasien an. Während also 1952 der Anteil der Gymnasien und der Realschulen an der Bildungsbeteiligung bei etwa einem Fünftel lag, besuchen nun über die Hälfte der Schülerinnen/Schüler die beiden Schulformen.

Dies bedeutet dann allerdings auch, dass nach dieser Entwicklung, das Abitur nun einen niedrigeren Stellenwert besitzt, als es früher der Fall gewesen war. Aus einer anderen Perspektive betrachtet lässt sich ebenfalls festhalten, dass die beruflichen Karrierechancen für die Bildungsbeteiligten der niederen Schulformen deutlich gesunken sind (ebd.: 32).

Nun stellt sich jedoch die Frage, ob die schichtspezifische Chancenungleichheit abgebaut oder zumindest verringert werden konnte. Dies war leider nicht der Fall. Nach der Bildungsexpansion stellte sich zunächst in der Politik und im Bildungswesen die Illusion der Chancengleichheit ein, so dass das Thema der Chancenungleichheit für etwa 25 Jahre in der Wissenschaft nicht mehr wirklich kritisch analysiert und hinterfragt wurde. Erst die Ergebnisse der PISA-Studie machten durch die internationalen Vergleiche wieder deutlich, dass eine ungleiche Verteilung der schichtspezifischen Bildungschancen nach wie vor bestand hat (Geißler 2006a: 36).

Der Bildungsexpansion war es zwar gelungen, den Kindern der unteren Schichten die Chancen auf einen Zugang zu höheren Schulformen zu erhöhen, doch dieses Ereignis betraf eben alle Bevölkerungsgruppen. So profitierten auch die Kinder der mittleren und der oberen Schichten von der Expansion, so dass alle Schichten gleichermaßen von der Chancenverbesserung betroffen waren. Somit hat sich lediglich ein „schichtenspezifischer Fahrstuhleffekt" vollzogen (Hölscher 2008: 766 f.). Insofern konnte der Ungleichheit der Bildungsbeteiligung keineswegs entgegengewirkt werden, im Gegenteil. Denn die Schere zwischen den erfolgreichen Schulabsolventen und denjenigen die keinen Schulabschluss erzielen konnten ist nun noch weiter auseinander gegangen. Dies bedeutet für die Betroffenen, dass deren zukünftigen Möglichkeiten wesentlich stärker eingegrenzt sind als zuvor (ebd.). Wenn überhaupt jemand nach der Bildungsexpansion als Gewinner bezeichnet werden kann, dann sind es die oberen Schichten, also diese, die bereits vor der Bildungsexpansion die höchsten Chancen auf Bildung besaßen. Der Anteil an der Bildungsbeteiligung hat bei den Kindern aus der unteren Schicht zwar einen Zuwachs vollzogen, doch haben sie im Vergleich zu den restlichen Bevölkerungsgruppen an Chancen verloren (Geißler 2002: 347). Die nachfolgende Abbildung lässt nochmals genauer erkennen, dass die schichtspezifische Ungleichheit der Bildungschancen fortlaufend Bestand hat und sich lediglich das allgemeine Niveau aller Bevölkerungsgruppen in Bezug auf die Bildung verbessern konnte.

Abb. 3: *Entwicklung der relativen Bildungsbenachteiligung von 13- bis 14-jährigen Schulkindern in der Bundesrepublik Deutschland von 1952 bis 2000 – Besuch des Gymnasiums nach sozialer Herkunft (Becker 2004: 162)*

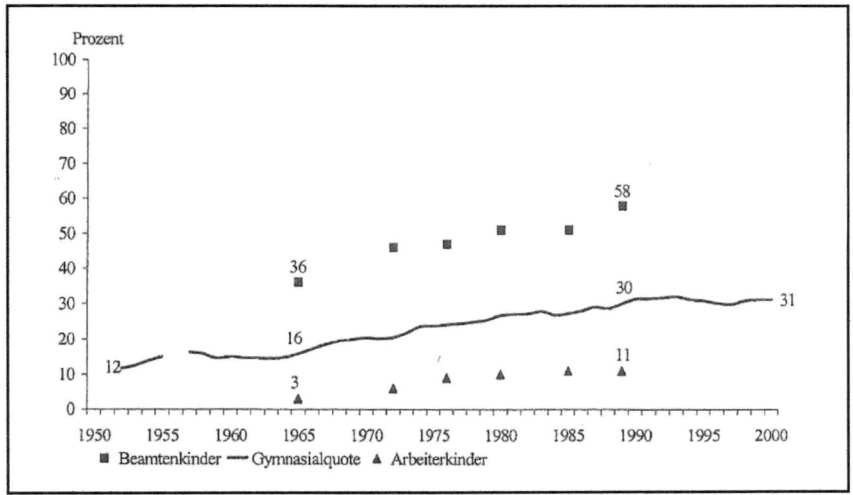

Bei der Betrachtung der Zeitspanne von 1965 bis 1989, kann aus der Abbildung abgelesen werden, dass 1965 3% der Arbeiterkinder und 36% der Beamtenkinder ein Gymnasium besuchten. 1989 hingegen stieg der Prozentsatz der Arbeiterkinder auf 11% und der der Beamtenkinder auf 58% an. Demnach haben 1989 fast viermal so viele Arbeiterkinder ein Gymnasium besucht wie noch im Jahre 1965. Der Anstieg der Beamtenkinder liegt ungefähr bei lediglich eineinhalbmal so vielen Kindern. Diese Zahlen lassen demnach den Anschein erwecken, dass sich die Bildungschancen zu Gunsten der Arbeiterkinder gerichtet haben. Doch dieser Schein trügt. Denn wenn man den Prozentsatz der Bildungsbeteiligung an Gymnasien der beiden Schichten in den beiden Jahren vergleicht, wird schnell deutlich, dass die Chancen auf die Bildungsbeteiligung an Gymnasien nahezu unverändert geblieben sind.

Denn 1965 besuchten zwölfmal so viele Beamtenkinder ein Gymnasium wie die Arbeiterkinder und 1990 ungefähr elfmal so viele (Becker 2004: 162-165). Es muss jedoch erwähnt werden, dass die Kinder der unteren Schichten, also insbesondere die Arbeiterkinder von der Erweiterung der Realschulen profitiert haben. Wie eine Studie von Schimpel-Neimanns, bei einem Vergleichszeitraum von 1950 bis 1989 zeigen konnte, haben die sozial schwächeren Kinder nun wesentlich höhere Chancen auf ein mittleres Bildungsniveau als zuvor. Der Zuwachs fand am stärksten zwischen den Jahren 1970 und 1989 statt. Dies bedeutet allerdings ebenso, wie bereits mehrfach erwähnt, dass die sozial schwächeren Kinder gegenüber den Kindern der oberen Schichten, in Bezug auf die Wahrscheinlichkeitsverteilung auf ein höheres Bildungsniveau, an Chancen einbüßen mussten (Geißler 2006a: 37 f.).

So kann man letztlich sagen, dass die soziale Herkunft nach wie vor in einem unmittelbaren und unbestreitbaren Zusammenhang mit den Bildungschancen steht und die Bildungsexpansion nicht zur erwünschten Chancengleichheit beitragen konnte. Letzteres musste schließlich auch Dahrendorf feststellen und eingestehen (Müller 1998: 106). Doch trotz alledem hat die Expansion im Bildungswesen zu einer deutlichen Verbesserung der Bildungsbeteiligung und des Bildungsniveaus beitragen können.

4 Ursachen und Faktoren der Bildungsbenachteiligungen

Soziale Ungleichheiten entstehen durch die unterschiedlichsten Dinge und an verschiedenen Stellen, entlang unseres Bildungssystems und auch außerhalb der Schule. Daher wird in diesem Kapitel nun analysiert und erläutert, was die Ursachen und Faktoren der Bildungsbenachteiligungen sind, wo sie entstehen und in welcher Form sie sich zeigen. Dieses Kapitel dient demnach dazu, einen Überblick über unterschiedliche Problematiken der Bildungschancen in Bezug auf die soziale Herkunft zu erhalten. Betrachtet werden dabei zunächst die sozialen Ungleichheiten, welche innerhalb der Schule und bei Bildungsübergängen entstehen. Des Weiteren wird erklärt welche Auswirkungen die soziale Herkunft der Eltern, das schichtspezifische Umfeld und der Umgang der Schülerinnen/Schüler mit der Sprache auf die Kinder hat. Unter anderem wird in den folgenden Kapiteln auf den Problembereich des dreigliedrigen Schulsystems, auf die Empfehlungsaussprechung der Lehrkräfte nach der Grundschulzeit, die Theorie von Boudon und auf den Zusammenhang zwischen den Schulabschlüssen der Eltern und des Schulerfolgs der zugehörigen Kinder eingegangen.

4.1 Soziale Ungleichheiten innerhalb der Schule

In der Schule tragen zahlreiche Elemente zu sozialen Ungleichheiten der Bildungschancen bei und dies sowohl in den weiterführenden Schulen als auch bereits in den Grundschulen. Insbesondere die schichtspezifische Notengebung und die Bezeichnung des Schulsystems als eine Mittelschichteninstitution sollen hier genauer analysiert und erläutert werden. Die schichtspezifischen Notengebungen, welche in Zusammenhang mit den Eltern der Schülerinnen/Schüler stehen, werden allerdings erst in Kapitel 4.3 aufgegriffen und dementsprechend analysiert.

Zunächst zu der Notenvergabe. Schulnoten sollen die erbrachten Leistungen einer/eines Schülerin/Schülers aufzeigen. Daher bedarf es einer objektiven Bewertung der Lehrerinnen/Lehrer, welche sich ausschließlich auf die Leistungen der Lernenden bezieht. Doch immer wieder schleichen sich bei der Bewertung auch Kriterien mit ein, welche nichts mit der Leistungsfähigkeit der Bildungsbeteiligten zu tun haben. Schumacher konnte 2002 bei einer Befragung von ungefähr 500 Grundschullehrerinnen/Grundschullehrern feststellen, dass 73% der Lehrkräfte bestätigen, dass positive bzw. angemessene Verhaltensweisen, neben der sozialen Herkunft, die Bewertung der erbrachten Leistungen unmittelbar beeinflussen. Die kognitiven Leistungsfähigkeiten der Schülerinnen/Schüler spielen jedoch bei 39% bzw. 46% der Grundschullehrkräfte keine oder eine nur geringe Rolle (Ditton 2004: 264). Dieser Fakt betrifft in erster Linie die Kinder der unteren Schichten, welche dadurch eine Benachteiligung erfahren müssen. Des Weiteren konnte Ditton in einer Analyse feststellen, dass manche Lehrerinnen/Lehrer ihren Unterricht eher für die sozial höheren Schichten gestalten und die Leistungsfähigkeit der Lernenden teils schichtspezifisch wahrgenommen und beurteilt wird (ebd.: 270). Dies wirkt sich dann wiederum negativ in der Leistungsbewertung der sozial schwächeren Kinder aus. „Kinder der unteren Schichten werden, gemessen an ihren tatsächlichen Leistungen, zu schlecht, Angehörige der mittleren, vor allem aber der oberen Sozialgruppe werden bezogen auf die tatsächlichen Leistungen deutlich zu gut benotet. Das kann als Stereotypisierung gedeutet werden, die in Zusammenhang mit einer sozialspezifischen Attribution von Begabungen durch die Lehrkräfte stehen könnte" (ebd.). Unter anderem kann durch diese Studie nachgewiesen werden, dass die soziale Herkunft unmittelbaren Einfluss auf den schulischen Erfolg nehmen kann.

Ebenso konnte Weiss bereits 1965 belegen, dass sich bestimmte Vorurteile und Erwartungen auf die Benotung der Schülerleistungen auswirken. Die sozial schwachen Bildungsbeteiligten stehen bezüglich der Benachteiligungen, wieder einmal im Fokus. Das Experiment von Weiss verdeutlicht dies. Er legte knapp 92 bzw. 153 Lehrerinnen/Lehrer einen Aufsatz oder Rechenaufgaben vor, welche mit einer knappen Notiz über den Schüler, welcher den Aufsatz oder die Rechenaufgaben bearbeitet hatte, versehen waren. Diese Notiz bezog sich unter anderem auch auf den sozialen Status des Lernenden. Das eine Kind wurde als Angehöriger der oberen Schicht beschrieben und das andere als Angehöriger der Arbeiterschicht. Verteilt wurden derselbe Aufsatz bzw. dieselben Rechenaufgaben, jedoch mit unterschiedlichen Angaben über den Schüler. Je eine positive und je eine negative Notiz. Es stellte sich heraus, dass die Angaben dazu führten, dass das positiv dargestellte Kind deutlich besser bewertet wurde, als der durchschnittlich bis negativ dargestellte Schüler (Ziegenspeck 1977: 99 f.). Der folgenden Tabelle kann nun der Prozentanteil der vergebenen Noten in Bezug auf das positive und das negative Vorurteil entnommen werden.

Tab. 1: *Prozent-Anteil der Notengebungen in Bezug auf ein positives und ein negatives Vorurteil (Ziegenspeck 1977: 99 f.)*

a) Folgender Prozent-Anteil gilt für den Aufsatz:

Noten	Positives Vorurteil	Negatives Vorurteil
1	18%	0%
2	60%	30%
3	19%	57%
4	3%	13%
5	0%	0%

b) Für die Rechenaufgaben gelten folgende Prozent-Anteile:

Noten	Positives Vorurteil	Negatives Vorurteil
1	11%	0%
2	44%	37%
3	40%	46%
4	5%	15%
5	0%	2%

Dieses Experiment konnte sehr deutlich nachweisen, dass sozial schwächere Kinder von Grund auf schlechter bewertet werden, als Schülerinnen/Schüler der höheren Schichten. Ebenfalls wird deutlich, welch großen Spielraum die Lehrerinnen/Lehrer bei der Notenvergabe genießen. Insbesondere die unterschiedliche Benotung der Rechenaufgaben zeigt, dass die Lehrerinnen/Lehrer teilweise nicht an Hand zuvor festgelegter Bewertungsregeln beurteilen. Dies wiederum bedeutet, dass den geforderten Bewertungskriterien des Schulsystems nicht gerecht geworden wird. Einen ebenso interessanten Befund stellt eine Studie von Kemmler dar, welche die Noten von leistungsstarken und leistungsschwachen Schülerinnen/Schülern aus der 3. Jahrgangsstufe aus Grundschulen verglich, um zu analysieren, warum manche Schülerinnen/Schüler in der Grundschule scheitern. 340 schwache Schülerinnen/Schüler, welche die Klasse schon einmal wiederholen mussten und 120 leistungsstarke Lernende wurden hierbei in unterschiedlichen Fächern verglichen (vgl. Tabelle 2) (Rodax/Spitz 1978: 26).

Tab. 2: *Mittelwerte der Zensuren von guten und schwachen Schulkindern des 3. Schuljahres (Rodax/Spitz 1978: 26)*

Fach	Mittelwerte		
	Gute	Schwache	Differenz
Rechtschreiben	1,96	4,63	2,67
Lesen	1,99	3,84	1,85
Aufsatz	2,07	4,09	2,02
Deutsch-mündlich	2,00	3,69	1,69
Rechnen	2,11	4,12	2,01
Heimatkunde	2,07	3,77	1,70
Religion	1,98	3,39	1,41
Musik	2,22	3,08	0,86
Schreiben	2,31	3,75	1,44
Zeichnen und Werken	2,40	3,45	1,05
Handarbeit	2,35	3,48	1,13

Wie die Tabelle zeigt, sind die Unterschiede sowohl in Haupt-, als auch in den Nebenfächern sehr deutlich. Kemmler führte dies in ihrer Analyse auf drei Annahmen zurück. Zunächst machte sie deutlich, dass die Schülerinnen/Schüler anscheinend für alle Fächer, also nicht nur für die Hauptfächer, die richtigen Voraussetzungen mitbringen müssen. Ein zweiter Erklärungsansatz liegt darin, dass die Lernenden bei den Nebenfächern nachlassen, wenn die Leistungen bereits bei den Hauptfächern nicht stimmen. Doch der für diese Arbeit wohl interessanteste und letzte Erklärungsansatz obliegt der Vermutung, dass sich die Benotung fächerübergreifend vollzieht. Dies würde bedeuten, dass sich die Lehrerinnen/Lehrer bei der Notenvergabe von den Leistungen der Schülerinnen/Schüler in anderen Fächern beeinflussen lassen (ebd.: 26 f.). Dies würde für die ohnehin schon leistungsschwachen Bildungsbeteiligten bedeuten, dass weitere Benachteiligungen entstehen, während die leistungsstarken Schülerinnen/Schüler von dieser Vermutung wiederum profitieren würden. Auch dieser Tatbestand würde die Chancenungleichheit an deutschen Schulen erhöhen und die Kluft zwischen leistungsstarken und leistungsschwachen Kindern und Jugendlichen vergrößern.

Ein weiterer Aspekt, welcher Ungleichheiten innerhalb der Schule hervorruft, ist die Tatsache, dass das Schulsystem als eine Mittelschicht-Institution bezeichnet werden kann. Dies hat zur Folge, dass die sozial benachteiligten Kinder von Anfang an, schlechtere Chancen auf Bildung haben, als die Kinder der höheren Schichten. Also haben die Jugendlichen der Mittel- und der Oberschicht allein wegen ihrer sozialen Herkunft und der schichtabhängigen Anpassung an die Gesellschaft ungleich bessere Chancen als die Unterschichtenkinder (Hölscher 2008: 767). Die Schule setzt also voraus, dass die Kinder vor Antritt der jeweiligen Schulform gewisse Voraussetzungen mitbringen. Doch diese Merkmale, welche man von der Schule selbst nicht erhält, sind nicht bei allen Kindern gleich verteilt. Hier besitzen die Kinder und Jugendlichen der mittleren oder der oberen Schichten einfach bessere Voraussetzungen, welche sich in Kultur und Sprache darstellen, und haben daher bessere Bildungschancen. Demnach ist die Schule konkret gesagt, lediglich auf die Schülerinnen/Schüler zugeschnitten, die die oben erwähnten Voraussetzungen mit sich bringen (Bourdieu/Passeron 1971: 126). Allein auf Grund dieses Fakts wird die Chancenungleichheit im Bildungssystem vergrößert.

Anbei sollte noch erwähnt werden, dass es sich, gerade bezüglich der oben geschilderten Voraussetzungen, von großem Vorteil erweisen kann, wenn die Kinder vor Antritt der Schulzeit eine Vorschule oder einen Kindergarten besuchen, solange dies das familiäre Umfeld ermöglicht. Gerade in Bezug auf Sprache und Kultur kann hier für bessere Voraussetzungen für die bevorstehende Schulzeit gesorgt werden, was sich letztlich positiv auf die Bildungschancen auswirken wird. So konnte belegt werden, dass im Zeitraum von 1992 bis 2003 14-jährige Schulkinder aus der Arbeiterschicht wesentlich bessere Chancen auf höhere Bildung haben, wenn sie eine Vorschule oder einen Kindergarten besucht haben. Immerhin 27% der Arbeiterkinder mit Kindergartenbesuch besuchten ein Gymnasium, 39% besuchten die Hauptschule und 35% die Realschule. Im Gegensatz dazu besuchten aber nur 7% der Arbeiterkinder ohne Kindergartenbesuch ein Gymnasium, 23% die Realschule und eine starke Mehrzahl von 71% die Hauptschule (Becker 2006b: 478). Doch auch hier muss erwähnt werden, dass der soziale Status nach wie vor ausschlaggebend ist. Denn die Kinder aus den oberen und den unteren Dienstklassen konnten auch ohne einen Kindergartenbesuch bessere Prozentanteile in Bezug auf den Besuch eines Gymnasiums verzeichnen.

Letztendlich kann festgehalten werden, dass es auf Grund der schichtspezifischen Benotungen und des Schulsystems an sich, zu ungleichen Bildungschancen kommt. Die Kinder der unteren Schichten werden in manchen Fällen innerhalb der Schule benachteiligt, während

Kinder die durch ihren sozialen Status ohnehin schon bessere Voraussetzungen genießen können sogar bevorzugt behandelt werden. Somit leisten die genannten Faktoren einen Beitrag zu den vorherrschenden Chancenungleichheiten an unseren Schulen.

4.2 Soziale Ungleichheiten bei Bildungsübergängen

Im Folgenden werden die sozialen Ungleichheiten, welche bei Bildungsübergängen entstehen, analysiert. Hierbei wird auf die Problematik des dreigliedrigen Schulsystems und die schichtspezifische Empfehlungsaussprechung der Lehrkräfte nach der Grundschulzeit näher eingegangen, um Ausprägungen festzustellen, welche zu sozialen Ungleichheiten der Bildungschancen führen.

4.2.1 Die Problematik des dreigliedrigen Schulsystems

Eine Aufgabe der Schule besteht unter anderem darin, die Schülerinnen/Schüler zu selektieren, um sie entsprechend ihrer Leistungen und Qualifikation auf die entsprechende Schullaufbahn zu verteilen. Der Selektionsvorgang bezieht sich in der Realität jedoch nicht nur auf die Leistungsfähigkeit der Bildungsbeteiligten, sondern auch, ob gewollt oder nicht, auf die sozialen Aspekte. Diese sozialen Merkmale, wie beispielsweise die soziale Herkunft, beeinflussen somit in der Regel auch die zukünftigen beruflichen Chancen (Geißler 2002: 333). Dieses Phänomen konnte bereits bei der Notenvergabe festgestellt werden (vgl. Kapitel 4.1).

Das deutsche Bildungswesen folgt einem dreigliedrigen Bildungssystem. Dieses System vollzieht sich wie folgt: Die Schülerinnen/Schüler werden nach erfolgreicher Absolvierung der Grundschule auf drei unterschiedliche Schulformen verteilt. Dies bedeutet, dass in unserem Land bereits nach vier Grundschuljahren eine Selektion betrieben wird. Die Kinder sind zu diesem Zeitpunkt im Normalfall zehn bis elf Jahre alt. So früh wie in Deutschland, wird dieser Vorgang, solange dieser üblich ist, in nahe zu keinem anderem Land vollzogen (Brunsch 2007: 39). Die Kinder werden also anschließend auf eine weiterführende Schulform verteilt. Diese Schulen sind im Bezug auf das dreigliedrige Schulsystem in der Regel die Hauptschule, die Realschule oder das Gymnasium. Die Schulen entsprechen jeweils einem anderen Bildungsniveau. Die Überlegungen der Bildungspolitik bezüglich des dreigliedrigen Schulsystems folgen dem Prinzip, dass sich das Lernen in einer Gruppe deren Bildungsniveau etwa auf einer Ebene liegt besser gestalten lässt, als dies bei einer Gruppe mit unterschiedlichen Bildungsniveauebenen der Fall wäre. Des Weiteren soll durch dieses

System erreicht werden, dass weniger Schülerinnen/Schüler überfordert bzw. unterfordert werden, um eine bestmögliche Förderung aller Bildungsbeteiligten anstreben zu können (ebd.).

Für Boudon ist dieser Entscheidungszwang für eine weiterführende Schulform einer der Gründe für die soziale Ungleichheit in unserem Bildungswesen (Maaz/Baumert/Trautwein 2010: 29). Nach ihm besteht ein großer Zusammenhang zwischen der sozialen Herkunft und der Entscheidung für eine Schulform im Bildungssystem. „Die Entscheidung, auf welche Schulform bzw. auf welchen Bildungsgang ein Kind gehen wird, folgt […] einer Bewertung der mit der Entscheidung verbundenen Kosten und dem Nutzen (z.B. Statuserhalt) sowie der Wahrscheinlichkeit, dass das Kind auch tatsächlich den Schultyp erfolgreich bewältigen kann, um die in der Zukunft liegenden Bildungsrenditen zu erhalten […]. Sowohl die Erfolgserwartungen als auch die Veranschlagung des Bildungsnutzens hängen vom jeweiligen sozioökonomischen Status der Eltern und von der tatsächlichen Leistungsentwicklung des Kindes, die selbst wiederum an die soziale Herkunft gekoppelt ist, ab." (ebd.: 32). Der folgenden Abbildung kann man nun sehr gut entnehmen, wie die Ressourcen der sozialen Herkunft und die Leistung der Lernenden mit der Bildungsentscheidung in Verbindung stehen.

Abb. 4: *Vereinfachtes Modell der Genese von Bildungsentscheidungen nach den Grundannahmen der Werterwartungstheorie (Maaz/Baumert/Trautwein 2010: 33)*

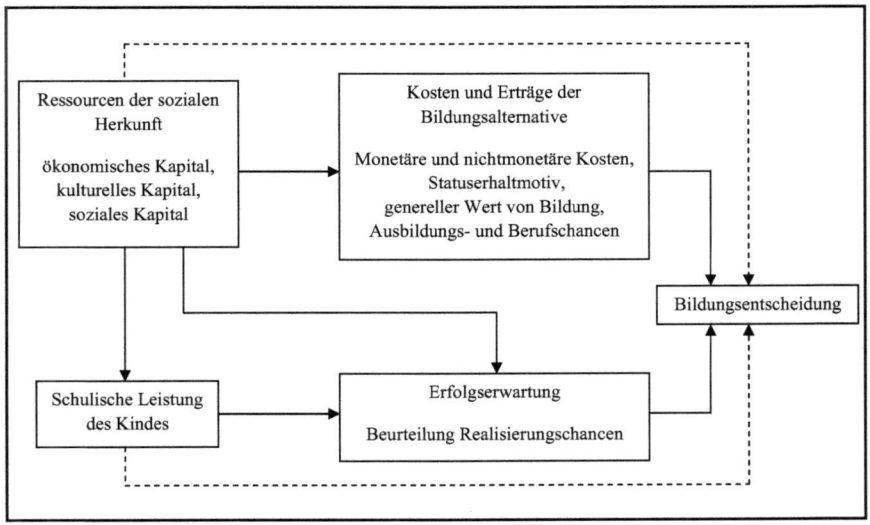

Außerdem muss eine Frage an dieser Stelle lauten, ob das dreigliedrige Schulsystem tatsächlich zu einer Verbesserung der Lernmöglichkeiten und der individuellen Förderung beiträgt. Für die Lernenden der Hauptschule und die sozial schwächeren Schülerinnen/Schüler birgt das dreigliedrige Schulsystem zumindest keine Vorteile, sondern eher Nachteile. Denn auch in den oberen Schulformen wird aussortiert. So müssen Lernende, deren Leistungen nicht stimmen entweder sitzen bleiben, oder aber auf eine niedere Schulform wechseln. Somit werden insbesondere die sozial schwachen Schülerinnen/Schüler lediglich nach unten durchgereicht. Das die Hauptschülerinnen/ Hauptschüler eine andere, schlechtere Förderung genießen, als die Bildungsbeteiligten der Realschulen und der Gymnasien, konnte unter anderem die PISA-Studie verdeutlichen. Aufgrund des schlechten Bildungsniveaus in den Klassen der Hauptschulen, wird das Bildungsniveau des Einzelnen gesenkt, wodurch die Schülerinnen/Schüler schwächere Leistungen erbringen, als es ihnen möglich wäre (Brunsch 2007: 40). So heißt es in der PISA-Studie: „Unterschiede zwischen den Bildungsgängen lassen sich im Wesentlichen durch die Auswahlprozesse beim Übergang von der Grundschule in die Sekundarstufe I erklären. Dennoch verbleiben bedeutsame Differenzen: Auch bei gleichen kognitiven Grundfähigkeiten und identischen sozioökonomischem Status ist die Leistung eines Gymnasiasten um 49 Punkte höher als die Leistung eines Hauptschülers" (Klieme/Neubrand/Lüdtke 2001: 182).

Die Frage die sich in der Bildungspolitik nach der Einführung des dreigliedrigen Schulsystems demnach aber sehr häufig stellt und mehrfach diskutiert wird, ist, ob der Selektionsvorgang in unserem Bildungssystem zu früh vollzogen wird. Da sich nach der Entscheidung für eine weiterführende Schulart, der Wechsel auf eine andere Schulform als äußerst schwierig erwiesen hat, sind die Weichen für die spätere berufliche Karrierechancen in vielen Fällen schon sehr früh gestellt. Die Entscheidung für eine Schulform hat damit einen gravierenden Einfluss auf die Zukunft der Bildungsbeteiligten (Lauterbach/Becker 2004: 442 f.).

Im Hinblick auf die Analysen Boudons und den Ergebnissen der PISA-Studie ist das dreigliedrige Bildungssystem im deutschen Bildungswesen kritisch zu hinterfragen. Zumindest sollte auch weiterhin ausführlich darüber diskutiert werden, ob eine Selektion zu einem solch frühen Zeitpunkt wirklich sinnvoll ist.

4.2.2 Die schichtspezifische Empfehlungsaussprechung der Lehrkräfte

Eine gesonderte Rolle bei den sozialen Ungleichheiten zwischen den Institutionen spielt die schichtspezifische Empfehlungsaussprechung der Grundschullehrerinnen/Grundschullehrer, nach Beendigung der Grundschule. Aus diesem Grund wird diese Problematik in diesem Unterpunkt gesondert analysiert und dargestellt.

In Deutschland ist es üblich, nach erfolgreichem Abschluss der 4. Klasse in der Grundschule auf eine weiterführende Schulform zu wechseln, um letztlich einen anerkannten Schulabschluss zu erzielen. In den meisten Bundesländern erhält jede/jeder einzelne Schülerin/Schüler eine Empfehlungsaussprechung ihres/seines Klassenlehrers. Die/Der Lehrerin/Lehrer gibt der/dem Schülerin/Schüler und gegebenenfalls den zugehörigen Eltern eine fachmännische Beratung bzw. eine Leistungs- oder Begabungseinschätzung, um die Entscheidung für eine weiterführende Schulform zu erleichtern. Die Entscheidung für eine Schulform ist ausschlaggebend für die späteren Möglichkeiten bei der Berufswahl und somit den damit verbundenen Karrierechancen und obliegt letztendlich dem Elternwillen. Sie bedeutet im Normalfall eine längerfristige Bindung. Daher wird dieser Zeitpunkt im Verlauf der schulischen Bildung, auch als „sensible Phase" bezeichnet (Schauenberg 2007: 36). Aus diesem Grund ist der Übergang von der Grundschule in die weiterführende Schule auch hauptverantwortlich für die Bildungsungleichheit in unserem Land. Die Frage lautet an dieser Stelle: Ist es realistisch eine subjektive Einschätzung der/des Klassenlehrerin/Klassenlehrers zu erhalten oder fließen hier auch andere Dinge in die Beratung mit ein? Des Weiteren sollte die Frage erlaubt sein, inwiefern sich die soziale Herkunft auf ein Erreichen einer hohen Schulform auswirkt.

Die Kultusministerkonferenz hatte in den 60er-Jahren bereits festgelegt, dass einzig und allein die Bildungsfähigkeit bei der Empfehlungsaussprechung mit einbezogen werden darf. Soziale Herkunft und andere soziale Merkmale dürfen bei der Empfehlung der Grundschule für die weiterführende Schulform keine Rolle spielen. In der Realität sieht dies jedoch anders aus. Denn beim Vergleich von Schülern mit gleicher Begabung und gleicher Leistung wurde festgestellt, dass Schüler aus der Oberschicht eine dreimal so hohe Chance haben, auf ein Gymnasium zu kommen (Baumert et al. 2010: 7). Durch die Ergebnisse der PISA-Studie 2000 wurden einige weitere Analysen bezüglich der Chancengleichheit durchgeführt. Die Ergebnisse dieser Analysen ließen darauf schließen, dass die soziale Herkunft immer noch eine wesentliche Einflussgröße im Bezug auf den Zugang zu Gymnasien und Hochschulen darstellt. Auf Grund der Ergebnisse wurden weitere Studien durchgeführt (wie beispielsweise IGLU oder TIMSS), welche die Ergebnisse der PISA-Studie bestätigten und deutlich machten, dass bislang zu wenig gegen die vorhandenen Disparitäten unternommen wurde (ebd.: 27). Wie beispielsweise Jürgen Baumert und Kai Maaz erläutern, „[...] hat die Bildungsforschung immer wieder darauf hingewiesen, dass der Zugang zu einzelnen Schulformen nicht allen Kindern und Jugendlichen in gleicher Weise offen steht. Seit der Veröffentlichung der PISA-Ergebnisse (Baumert u.a., 2001, 2002, 2003) ist die Thematik sozialer Disparitäten in der empirischen Bildungsforschung aktueller als je zuvor." (Baumert/Maaz 2006: 11). Unter anderem wurde insbesondere in Deutschland ein deutlicher Zusammenhang zwischen der sozialen Herkunft und dem erlangten Lernstand in Bezug auf die Grundkompetenzen festgestellt (ebd.).

Um nun noch einmal genauer auf die Problematik der Lehrerempfehlungen nach Beendigung der Grundschulzeit zurück zu kommen, muss nochmals auf die deutliche Benachteiligung der Kinder der Unterschicht verwiesen werden. Denn gerade das Schulsystem und die Schule, welche die Aufgaben besitzen die vorhandenen schichtspezifischen Ungleichheiten zu vermindern, verstärken die Chancenungleichheiten in der Bildung in bestimmten Bereichen sogar. So wird in unterschiedlichen Studien bezüglich der Schulempfehlungen belegt, dass die Urteilsfällung der Lehrerinnen/Lehrer, womöglich auch unbewusst, eng mit der Schichtzugehörigkeit der Kinder in Verbindung steht (Geißler 2002: 357). Einen besonders deutlichen Befund liefert eine Studie von Ditton aus den 80er Jahren. Er stellte unter anderem fest, dass bei einem Notendurchschnitt, welcher schlechter als 2.9 ausfiel, noch 16,8% der Schülerinnen/Schüler eine Empfehlung für die Realschule erhalten haben. Unter diesem Prozentsatz erhielten die Empfehlung allerdings 70% der Schülerinnen/Schüler der oberen sozialen Lage und lediglich 12,7% die Kinder der unteren sozialen Schicht. Bei der Betrachtung des Notendurchschnitts zwischen 2.2 und 2.9 fiel die Empfehlung ähnlich negativ für die Kinder der unteren sozialen Lage aus. Dort erhielten von insgesamt 16,1%, 40% der Schülerinnen/Schüler der oberen Schicht eine Empfehlung für das Gymnasium und nur 10,5% der Kinder der unteren sozialen Lage (vgl. Tabelle 3) (Ditton 1992: 132 f.).

Tab. 3: *Lehrerempfehlungen nach sozialer Lage und Notendurchschnitt (Angaben in Prozent) (Ditton 1992: 132)*

a) *Notendurchschnitt bis 2.2*

η = .16	Untere s. Lage	Mitt. s. Lage	Obere s. Lage	Ges.
HS	2.6	6.1	0.0	3.0
RS	23.7	10.2	10.6	14.2
Gym.	73.7	83.7	89.4	82.8
N	38	49	47	134

b) *Notendurchschnitt >2.2 bis 2.9*

η = .29	Untere s. Lage	Mitt. s. Lage	Obere s. Lage	Ges.
HS	38.3	28.0	6.7	29.5
RS	51.1	58.0	53.3	54.5
Gym.	10.5	14.0	40.0	16.1
N	47	50	15	112

c) *Notendurchschnitt schlechter als 2.9*

η = .48	Untere s. Lage	Mitt. s. Lage	Obere s. Lage	Ges.
HS	87.3	92.9	30.0	83.2
RS	12.7	7.1	70.0	16.8
Gym.	-.-	-.-	-.-	-.-
N	63	28	10	101

Die in der Tabelle festgehaltenen Zahlen- und Prozentwerte zeigen somit einen markanten Zusammenhang zwischen der Lehrerempfehlung und der sozialen Herkunft der Schülerinnen/Schüler auf.

Einen ähnlich aussagekräftigen Befund liefert eine Studie aus dem Jahre 1996 von Rainer Lehmann und Rainer Peek. Sie stellten an 13.000 Schülerinnen/Schüler der fünften Klasse fest, dass die Kinder dessen Väter keinen Hauptschulabschluss besitzen, bei einem Leistungstest ungefähr 50% mehr erreichen mussten, als die Kinder dessen Väter das Abitur absolviert haben, um die gleiche Wahrscheinlichkeit auf eine Gymnasialempfehlung aufrecht zu erhalten (Geißler 2002: 358). Der folgenden Abbildung Lehmanns (et al.) kann entnommen werden, wie hoch der Zusammenhang zwischen dem Abschluss des Vaters und der Wahrscheinlichkeit einer Gymnasialempfehlung tatsächlich ist. Der im Mittel benötigte Wert liegt bei 78 Leistungspunkten, wobei lediglich 65 Punkte durchschnittlich für Kinder ausreichen, dessen Väter das Abitur absolviert haben. Kinder dessen Väter keinen Schulabschluss vorweisen können müssen allerdings durchschnittlich 98 Punkte erreichen, um dieselbe Empfehlung zu erlangen, wie die anderen (vgl. Abbildung 5).

Abb. 5: *Nötige Punktzahl für eine Gymnasialempfehlung nach Schulabschluss des Vaters (Allmendinger 2003: 84)*

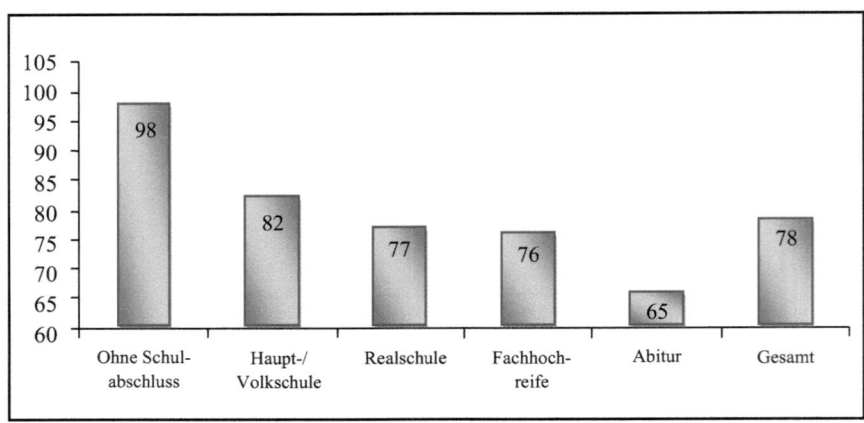

Einen Grund für dieses Ergebnis wurde allerdings noch nicht genauer untersucht. Doch es scheint so, als ob die Lehrerinnen/Lehrer die Schülerinnen/Schüler der unteren Schichten vor später möglichen Misserfolgen schützen wollen, da sie nach einer Konfrontation der in der Grafik ablesbaren Daten erläuterten, dass auch der Aspekt der Unterstützung des Elternhauses in die Empfehlungsaussprechungen mit einbezogen werden. Eine böswillige oder diskriminierende Absicht kann den Lehrerinnen/Lehrern allerdings nicht unterstellt werden (Geißler 2006: 44).

Das Aussprechen der Empfehlung, kann allerdings auch unmittelbar mit der sozialen Herkunft der Lehrkräfte in Verbindung stehen. Dies kann daran liegen, wie Steinkamp erwähnt, dass manche Lehrerinnen/Lehrer „[…] eher an den Maßstäben der oberen sozialen Schichten orientiert sind und wenig Verständnis für Besonderheiten von Kindern aus unteren sozialen Schichten aufbringen können" (Schauenberg 2007: 41). Das bedeutet also, dass Lehrerinnen/Lehrer konkrete Vorstellungen haben, welche Eigenschaften und Fähigkeiten eine/ein Schülerin/Schüler besitzen muss, um eine Gymnasialempfehlung zu erhalten. Diese Merkmale und dieses Potential sehen diese Lehrkräfte eher bei den Mittelschichtkindern und eher weniger bei den Kindern aus einer unteren Schicht. Dies würde dann demnach bedeuten, dass Kinder aus sozial schwächeren Schichten, von vorne herein benachteiligt sind, da ihnen gewisse Verhaltensregeln und interkulturelle Bestimmungen aus familiärer Sicht nicht in dem Maße vermittelt wurden, als dies bei Kindern gehobener Schichten der Fall ist (ebd.). So konnte Schumacher (wie bereits in Kapitel 4.1 erwähnt) feststellen, dass das Benehmen, das Sozialverhalten und auch die soziale Herkunft bei der Leistungsbewertung der Schülerinnen/Schüler eine wichtige Rolle für die Lehrerinnen/Lehrer spielt (Ditton 2004: 264). Dies wirkt sich folglich wiederum negativ auf die Grundschulempfehlung der Lehrenden für die Kinder der sozial schwächeren Schichten aus.

An dieser Stelle der Arbeit kann auf Grund der oben erwähnten Analysen und empirischen Befunde festgehalten werden, dass in unserem Bildungssystem soziale Ungleichheiten bestehen und diese sogar aktueller als je zuvor geworden sind. Hauptverantwortlich für diese Disparitäten im Bildungssystem, wird vor allem die Aufteilung auf die weiterführenden separaten Schulformen gemacht. Des Weiteren konnte deutlich festgestellt werden, dass die Lehrerempfehlungen nach einer Absolvierung der Grundschule in gewissen Fällen in Abhängigkeit von der sozialen Herkunft der Kinder getroffen werden, was wiederum zu einer schichtspezifischen Ungleichheit der Bildungschancen beiträgt. Daher kann davon ausgegangen werden, dass nicht allein die Leistungsfähigkeit oder die Intelligenz für den Bildungszugang verantwortlich ist. Eine Objektivität, wie sie zu diesem Zeitpunkt dieser sensiblen Phase von Nöten wäre, ist also ebenso wenig gegeben wie eine leistungsorientierte Selektion, welche unser Bildungssystem fordert. Allein aus diesem Grund sind Benachteiligungen vorprogrammiert. Leider muss man daher feststellen, dass in manchen Fällen die soziale Herkunft die Leistungsfähigkeit schlägt.

Nebenbei muss allerdings erwähnt werden, dass natürlich nicht alle Kinder nach Beendigung der Grundschule die Schulform aufsuchen, welche ihnen empfohlen wurde. Dies hängt in erster Linie jedoch nicht von den Kindern selbst, sondern von den Eltern ab. Der Faktor der wahrgenommenen Empfehlungsaussprechungen variiert je nach Schichtzugehörigkeit wieder einmal beträchtlich. So wurde in verschiedenen Studien festgestellt, dass die Eltern aus den oberen Schichten einen sozialen Abstieg auf keinen Fall in Kauf nehmen wollen und daher ihre Kinder sehr häufig auf ein Gymnasium schicken, obwohl das Kind keine Empfehlung für diese Schulform von der/vom Klassenlehrerin/Klassenlehrer erhalten haben. Anders herum verhält es sich bei den Eltern der unteren Schichten, welche ihre Kinder trotz Gymnasialempfehlung und ausreichender Leistungen für eine niedrigere Schulform anmelden. So folgen 92% der Beamtenkinder, 63% der Facharbeiterkinder und nur noch 48% der Töchter und Söhne, dessen Eltern Ungelernte oder Angelernte sind, einer Gymnasialempfehlung (Geißler 2006: 42). Doch wie schwer die Rolle der Eltern in Bezug auf die Bildungschancen letztlich wiegt, wird unter anderem im nächsten Kapitel expliziter erläutert und analysiert.

4.3 Die Rolle der Eltern, der Familie und des Umfelds

Ebenso wie soziale Ungleichheiten innerhalb der Schule und bei Bildungsübergängen entstehen, wirken auch außerschulische Elemente auf die Bildungschancen ein. In diesem Kapitel soll nun analysiert werden, wie sich die soziale Herkunft außerhalb des Bildungssystems auf die Kinder und Jugendlichen auswirkt. Hierbei werden in erster Linie die Rolle der Eltern und der Familie, sowie das Umfeld der Schülerinnen/Schüler untersucht, um aufzudecken, wo Probleme, Benachteiligungen oder Bevorzugungen für die Betroffenen entstehen. Unter anderem wird Boudons Modell für die Entstehung sozialer Ungleichheit der Bildungschancen aufgegriffen und erläutert. Speziell der Einfluss der Eltern auf die Schullaufbahn der Kinder soll hierbei beschrieben werden.

4.3.1 Ungleiche Bildungschancen auf Grund der sozialen Herkunft der Eltern – Einblick in die Theorie von Boudon

Die Rolle der Eltern hat einen enormen Einfluss auf die Bildungschancen der Kinder. Nicht zuletzt entscheiden nämlich sie, wo der Weg ihrer Kinder hingeht. Sie bestimmen auf welche Schulform ihr Schützling geht und wirken somit unmittelbar auf die späteren Karrierechancen ihres Kindes ein. Der Schulerfolg der Kinder und Jugendlichen wird also nicht nur durch das Schulsystem, sondern auch durch die Eltern bestimmt. Insbesondere der soziale Status der Eltern und der Familie, sowie der erworbene Schulabschluss dieser, kann eine entscheidende

Rolle spielen. Dass die Auswahl für eine Schulform eine der größten Entscheidungen im Leben der Kinder ist, dem sind sich vor allem die Eltern der höheren Schichten bewusst. Sie versuchen durch hohe Bildung ihrer Kinder, den sozialen Status der Familie zu erhalten und demnach auch für zukünftig gute Voraussetzungen ihrer Kinder für das spätere Berufsleben zu sorgen (Becker 2004: 167). Somit ist es auch nicht verwunderlich, dass „hoher sozialer Status der Eltern […] in positiver Korrelation zur intensiven, bewußten, leistungsorientierten und zielgerichteten Förderung der Kinder bereits vor der regulären Schulzeit" steht (Ziegenspeck 1977: 86). Je höher die Schichtzugehörigkeit der Eltern also ist, desto besser stehen die Chancen auf gute Bildung für das Kind (ebd.).

Einen guten Ansatz zur Erläuterung des Zusammenhangs der sozialen Herkunft und den Ungleichheiten in der Bildung, bietet die in den 70er Jahren entwickelte Theorie Boudons (vgl. Abbildung 6). Wie bereits in Kapitel 4.2 angerissen, liegen für Boudon die Gründe für die sozialen Disparitäten in der Bildung bei den individuellen Entscheidungen, welche in unserem Bildungssystem vorzunehmen sind (Maaz et al., 2010, S. 29).

Abb. 6: *Modell zur Entstehung sozialer Disparitäten im Bildungssystem nach Boudon (Maaz et al., 2010, S. 30)*

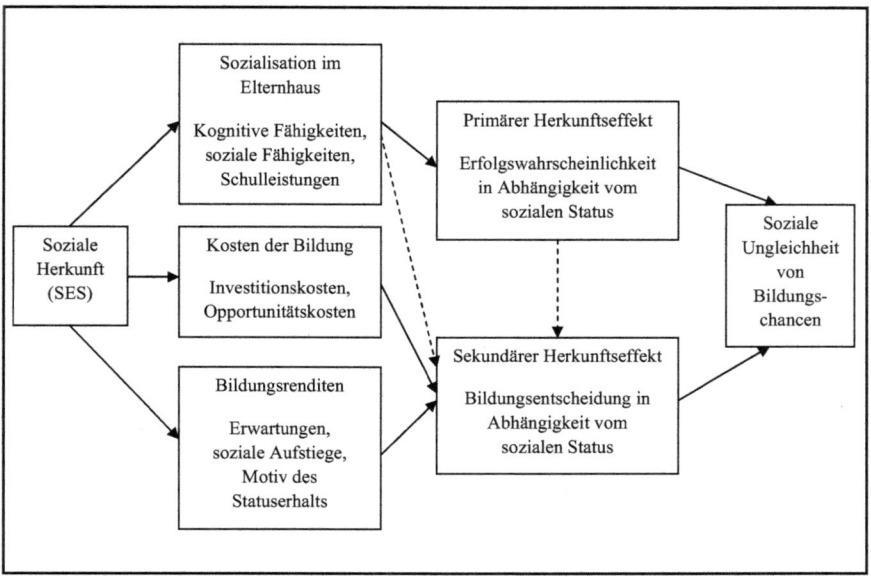

„Bildungsentscheidungen ergeben sich demnach aus der gezeigten schulischen Leistung, den Selektionsmechanismen des jeweiligen Bildungssystems und der familiären Bewertung von Bildung" (ebd.). Also sind nach Boudon die Eltern, wie bereits in Kapitel 4.2.1 erwähnt, direkt an den Bildungschancen der Kinder beteiligt, da sich letztlich die Eltern, stellvertretend für ihre Kinder, für eine weiterführende Schulform entscheiden müssen. Und diese Entscheidung obliegt wiederum der familiären Auffassung von Bildung. Diese elterliche Entscheidung für eine Schulform, steht, wie bereits vorher erwähnt, in starker Verbindung mit der sozialen Herkunft der Familie. So entscheiden sich die Eltern, so Boudon, für die Schulform, die ihnen am Vorteilshaftesten vorkommt. Wie der Theorie Boudons entnommen werden kann, ergeben sich für die Eltern je nach sozialer Schichtzugehörigkeit andere Chancen und Voraussetzungen bezüglich der Bildungsrenditen, der Kosten der Bildung und der Sozialisation im Elternhaus (vgl. Abbildung 6). Die Abwägung dieser Bereiche liefert den Eltern demnach auch eine Entscheidung für eine weiterführende Schulform. Die Wahrscheinlichkeit, dass die Eltern sich für ein Gymnasium entscheiden, lässt sich sogar mit einer Formel bestimmen. Die Formel ergibt sich aus dem Produkt der *Erfolgswahrscheinlichkeit des Kindes (p)* und dem letztendlichen *Nutzen der Investitionen in die Bildung (B)*, subtrahiert von den *Kosten für die Bildung (C)*: $P(Gymnasium)=pB-C$ (Becker 2004: 168 f.).

Die Bewertung der genannten Bereiche, welche Einfluss auf die Entscheidung nehmen, ist stark abhängig von der sozialen Herkunft der Familie, weshalb Boudon eine Aufteilung in primäre und sekundäre Herkunftseffekte vornimmt (vgl. Abbildung 6). Auf die explizite Analyse und Erläuterung der beiden Herkunftseffekte wird an dieser Stelle der Arbeit allerdings nicht eingegangen. Zum Verständnis sollten jedoch folgende Aussagen völlig ausreichend sein, um nachvollziehen zu können, inwiefern die sozialen Herkunftseffekte in Zusammenhang mit den sozial ungleichen Bildungschancen stehen. „Als primäre Sozialschichteffekte werden jene Einflüsse der Sozialschichtzugehörigkeit bezeichnet, die sich direkt auf die Kompetenzentwicklung von Schülerinnen und Schülern auswirken und in unterschiedlichen Schulleistungen sichtbar werden" (Maaz et al., 2010, S. 29). Dies bedeutet unter anderem, dass die Kinder allein auf Grund ihrer sozialen Herkunft unterschiedliche schulische Ausbildungen erfahren, wodurch die Chancen wegen der Schichtzugehörigkeit von Beginn an ungleich verteilt sind. Somit impliziert der primäre Effekt eine langwierige Wirkung (Becker 2004: 169 f.). Im Gegensatz zum primären Herkunftseffekt wirkt der sekundäre Sozialschichteffekt kurzzeitig auf die Chancen der Kinder und Jugendlichen in der

Bildung ein. Der sekundäre Herkunftseffekt bezieht sich auf die in der Regel einmalige Bildungsentscheidung der Eltern, welche unter Berücksichtigung und Beeinflussung der sozialen Herkunft getroffen wird (ebd.: 170). In Bezug auf den sekundären Herkunftseffekt bedeutet dies also, dass der familiäre soziale Status über die Bildung der Kinder entscheidet.

Die Theorie von Boudon lässt folglich sehr gut erkennen, wie soziale Ungleichheiten von Bildungschancen entstehen und wie exorbitant sich der soziale Status der Eltern auf die Zukunft der Kinder auswirkt. Zu kritisieren wäre möglicherweise die Tatsache, dass in seinem Modell lediglich die familiären Aspekte aufgegriffen werden, obwohl diese nicht allein für die sozialen Ungleichheiten der Bildungschancen verantwortlich sind. Diese kritische Auffassung wird auch von anderen Autoren vertreten (Brunsch 2007: 36; Becker 2004: 171).

4.3.2 Die Schulabschlüsse der Eltern

Ein weiteres Indiz, welches Aufschluss über die soziale Herkunft der Kinder geben kann, ist der Schulabschluss der Eltern. Es besteht eine positive Korrelation zwischen dem Schulabschluss der Eltern und dem Besuch der weiterführenden Schulform des Kindes, was bedeutet, dass der soziale Status der Eltern Auswirkungen auf die Schullaufbahn des Kindes hat (Nold 2010: 142) Je besser der schulische Abschluss der Eltern, desto häufiger besuchen die Schülerinnen/Schüler eine höhere Schulart.

In der Tabelle 4 kann man nun ablesen, in welchem Zusammenhang der allgemeine Schulabschluss der Eltern mit dem Besuch der jeweiligen Schulform der Kinder steht. Es fällt sehr schnell auf, dass die soziale Herkunft der Eltern eine direkte Rolle spielt. Sehr deutlich wird dieser Unterschied zwischen den Hauptschul- und den Gymnasialabschlüssen der Eltern. Fasst man den Prozentanteil der Eltern ohne allgemeinen Schulabschluss und den Anteil der elterlichen Hauptschulabschlüsse zusammen, so erkennt man, dass 2008 der große Anteil von 56,3% der Kinder dieser Eltern die Hauptschule besuchten und gerade einmal 10,6% ein Gymnasium. Somit beläuft sich der Anteil der Kinder, deren Eltern einen sozial schwachen Status inne haben, auf ein Zehntel am Gesamtanteil. Im Gegensatz dazu besuchten 58,4% der Kinder, deren Eltern einen Fachhochschul- oder Hochschulabschluss erreichten, ein Gymnasium, also deutlich mehr als die Hälfte, und lediglich 13,4% eine Hauptschule. Somit wird deutlich, dass die Zugangschancen zu höherer Bildung steigen, wenn die Eltern einen guten Schulabschluss absolvieren konnten. Erzielten die Eltern einen Realschul- oder einen gleichwertigen Abschluss, so verteilen sich die Kinder relativ gleichmäßig auf die unterschiedlichen Schulformen (ebd.: 142).

Tab. 4: *Schülerinnen und Schüler 2008 nach besuchter Schulart und höchstem allgemeinen Schulabschluss in der Familie – Ergebnis des Mikrozensus (Nold 2010: 143)*

Schulart	Schülerinnen und Schüler insgesamt	Höchster allgemeiner Schulabschluss der Eltern (1)					Eltern ohne allgemeinen Schulabschluss (2)
		Haupt- (Volks-) schulabschluss	Abschluss der polytechnischen Oberschule	Realschul- oder gleichwertiger Abschluss	Fachhochschul- oder Hochschulreife	Ohne Angabe zur Art des Abschlusses	
	1000	%					
Grundschule	3082	21,1	7,0	28,8	38,7	0,5	3,9
Hauptschule	1080	46,8	4,0	25,2	13,4	1,1	9,5
Realschule	1677	25,5	10,2	35,9	24,4	0,9	3,0
Gymnasium	2606	9,4	6,3	24,0	58,4	0,6	1,2
Sonstige allgemeinbildende Schulen (3)	828	28,2	8,5	25,7	29,6	0,6	7,4
Übergangssystem (4)	333	39,3	12,8	24,3	13,2	-	9,4
Berufliche Schule, die zur Fachhochschul-/ Hochschulreife führt (5)	236	25,5	8,0	30,2	31,2	-	3,9
Berufsschule	1489	32,6	17,2	27,5	18,8	0,6	3,3
Berufsfachschule, die einen Abschluss in einem Beruf vermittelt, einjährige Schule des Gesundheitswesens (6)	102	29,9	12,5	28,8	23,2	-	-
Fachschulen, Fach-/Berufsakademien, zwei- und dreijährige Schulen des Gesundheitswesens	182	26,1	10,9	26,5	34,0	-	-
Insgesamt	11615	24,3	8,7	27,9	34,4	0,7	4,0

(1) Bei abweichendem Schulabschluss der Eltern wird der Elternteil mit dem höchsten Abschluss nachgewiesen. – (2) Einschl. Abschluss nach höchstens 7 Jahren Schulbesuch sowie einschl. einer geringen Zahl von Personen, die sich noch in schulischer Ausbildung befinden. – (3) Schulartunabhängige Orientierungsstufe; Schularten mit mehreren Bildungsgängen (z. B. Regionale Schule, Sekundarschule, Mittelschule); Gesamtschule, Waldorfschule; Sonderschule, Förderschule. – (4) Berufsvorbereitungsjahr; Berufsgrundbildungsjahr; Berufliche Schule, die einen mittleren Abschluss vermittelt (z. B. Berufsfachschule, Berufsaufbauschule). – (5) Z. B. Fachoberschule, berufliches Gymnasium, Wirtschaftsgymnasium, Berufsoberschule, Technische Oberschule, Berufsfachschule. – (6) Z. B. für Pflegevorschüler/-innen.

Zusammenfassend kann man also sagen: Je schlechter die Schulabschlüsse der Eltern, desto eher besuchen die Kinder die Hauptschule oder Institutionen des Übergangssystems. Je besser aber die Abschlüsse der Eltern sind, desto wahrscheinlicher besuchen die zugehörigen Kinder das Gymnasium. Im Gegensatz zu den Hauptschulen und den Gymnasien, findet man in den Realschulen und den Berufsschulen eine ziemlich gleichmäßige Bildungsbeteiligung bezogen auf die unterschiedlichen Schulabschlüsse der Eltern und somit derer sozialen Schichtzugehörigkeit. Dieser Befund deckt sich nebenbei erwähnt, auch mit der beruflichen Stellung der Eltern (ebd.: 143 f.).

Ebenso besteht auch ein Zusammenhang zwischen den Leistungen der Kinder und Jugendlichen in der Schule und der sozialen Herkunft. Lehmann und Peek fanden in einer Studie heraus, dass die Schulleistungen der Kinder mit der Bildung der Eltern zusammenhängen. Bei durchschnittlich 13,75% lassen sich die Leistungen der/des

Schülerin/Schülers mit dem Bildungsniveau der Eltern erklären, wobei der Anteil der Mutter um etwa 3%, gegenüber dem Vater überwiegt (Ditton 2004: 265).

Doch wo genau wird der Zusammenhang zwischen den Schulabschlüssen bzw. dem Bildungsniveau der Eltern und dem Schulerfolg der Kinder ersichtlich? Wie stellt sich der Einfluss der elterlichen Ausprägungen auf die schulische Laufbahn der Kinder dar? Diese Fragen sollen nun im folgenden Kapitel genauer untersucht und erläutert werden.

4.3.3 Auswirkungen der sozialen Herkunft und des Umfeldes auf die Schullaufbahn

In diesem Kapitel soll nun erläutert werden, wie sich die Auswirkungen der jeweiligen Schichtzugehörigkeit der Eltern und des Umfeldes auf die Bildungschancen und somit die Schullaufbahn der Kinder darstellen.

Die Eingliederung in die Gesellschaft und somit die Sozialisation der Kinder und Jugendlichen ist unmittelbar mit der sozialen Herkunft der Familie verbunden, da sich die persönlichen Merkmale, das Auftreten und das Verhalten in Abhängigkeit der Familie und insbesondere der Eltern entwickeln (Rodax/Spitz 1978: 7). Dahrendorf meinte bereits in den 60er-Jahren zu erkennen, dass in zahlreichen sozialen Gebieten anhaltend ein „Traditionalismus der Unselbständigkeit" besteht (Preuß 1970: 12). Hitpass hatte ebenfalls in den 60-Jahren eine Stichprobe durchgeführt, bei welcher Angehörige der Arbeiterklasse befragt wurden, deren Familien alle der Arbeiterschicht entstammen und allesamt die Volksschule besucht haben. Bei der Stichprobe konnte Hitpass feststellen, dass die Hauptschule, bzw. früher die Volksschule, von den Befragten unter anderem als „einfach, schlicht, unkompliziert, übersichtlich, normal, leicht" (Hitpass 1965: 46) bezeichnet wurde, während das Gymnasium in der Regel als „fremd, sehr kompliziert, theoretisch, schwierig, bedrohlich, unangenehm, außergewöhnlich, anspruchsvoll, streng, fordernd, hoch" beschrieben wurde (ebd.: 49).

Dies liefert bereits ein Indiz dafür, dass die Eltern der unteren Schichten, welche selbst nie eine höhere Schulform besucht haben, schlichtweg Angst davor haben, ihre Kinder auf eine solch unbekannte Schulart zu schicken. Die Eltern die eine Hauptschule besucht haben, wissen jedoch ganz genau wie es in einer Hauptschule zu geht. Aus den von den Volksschulabsolventen oben erwähnten Adjektiven, welche die Hauptschule beschreiben, geht hervor, dass die Hauptschule leicht zu bewältigen ist und sie eine normale Schule ist. Wenn die Eltern ihre Kinder also auf eine Hauptschule schicken, vermindert dies für sie das Risiko, dass ihre Kinder in einer höheren Schulform nicht bestehen würden. Des Weiteren

vermuten sie, dass ihre Kinder auf dieser Schulart besser aufgehoben sind, als auf beispielsweise einem Gymnasium. Somit wirkt diese Unwissenheit der betroffenen Eltern unmittelbar auf die Entscheidung für eine weiterführende Schule mit ein (Preuß 1970: 12).
Ein weiterer wohl sehr entscheidender Punkt, welcher die Entscheidung der Eltern der unteren Schichten für eine weiterführende Schulform beeinflusst, sind neben den Ängsten und eventuell auch Vorurteilen die finanziellen Mittel. Denn ein Besuch ihres Kindes eines Gymnasiums würde auch bedeuten, dass das Kind eine längere Ausbildungszeit benötigt. Diejenigen Eltern, denen nur geringfügig Kapital zur Verfügung steht, müssen demnach abwägen, ob sie ein solches Risiko, wie bereits oben erwähnt, eingehen wollen oder können. Das Abitur wäre wesentlich teurer als der Hauptschulabschluss und es wäre nicht sicher, ob ihr Kind den Anforderungen einer höheren Schulform gerecht werden könnte. Hinzu kommt, dass die Eltern selbst ihrem Kind auf Grund geringer Kenntnisse nur wenig fachliche Unterstützung bieten könnten. Auch die Unterstützung in Form einer Nachhilfe können viele Eltern aus Geldmangel nicht wahrnehmen. Ebenso muss beachtet werden, dass das Kind in der Regel nach Absolvierung der Hauptschulreife, wesentlich früher beginnen kann selbst Geld zu verdienen. Abgesehen von all den finanziellen Gedanken fürchten manche Eltern ebenfalls, dass sich die Kinder von ihrer Familie und somit ihrer sozialen Herkunft abwenden könnten. Auf Grund der eben erwähnten Argumente, kommt es nicht selten vor, dass sich manche Kinder bei der Äußerung des Wunsches nach einer höheren Schulform, gegen die eigenen Eltern durchsetzen müssen (Hölscher 2008: 767).
Die soziale Herkunft der Eltern wirkt sich ebenso auf die in Kapitel 4.2.2 analysierte schichtspezifische Empfehlungsaussprechung der Lehrkräfte nach der Grundschulzeit aus. Da die Eltern der Mittel- und Oberschicht ihren Kindern bessere Unterstützung bieten und die Schulangebote für die Eltern öfter nutzen können, sind die Kinder aus den höheren Schichten gegenüber den Unterschichtenkindern klar im Vorteil. Auch im Bezug auf die Empfehlung für die weiterführende Schulart, da all diese Aspekte von den Lehrkräften, bewusst oder unbewusst, mit einbezogen werden (Schauenberg 2007: 43).
Allein wegen dieser Tatsachen wird bereits sehr deutlich, welche Nachteile die soziale Herkunft in Bezug auf die Bildungschancen mit sich tragen kann. Kinder der Arbeiterschicht und den sozial unteren Schichten sind somit im Bildungssystem, wie nun bereits des Öfteren belegt werden konnte, gegenüber den Kindern der Mittel- oder Oberschicht grundsätzlich benachteiligt. Wie aufgezeigt werden konnte, bilden dabei die finanziellen Mittel der Eltern einen entscheidenden Faktor für die Zukunft der Kinder. Doch nicht nur das Geld an sich, sondern auch das Umfeld und die Familie selbst spielen eine zentrale Rolle.

Die allgemeinen Sozialisationsbedingungen der Kinder müssen in die Betrachtung mit einbezogen werden, da sie ebenfalls Einfluss auf den Schulerfolg nehmen. Die Schülerinnen/Schüler der sozial schwächeren Familien unterliegen oft schlechteren Bedingungen, als Kinder der oberen Schichten. Diese ungünstigen Voraussetzungen der Unterschichtenkinder sind unter anderem „der beengte Wohnraum, die mangelnde Beaufsichtigung durch die Eltern, das Vorhandensein vieler Geschwister und die „Bildungsferne" der Eltern" (ebd.: 47). Durch das hochgradige kulturelle Kapital der Eltern, haben es die Kinder der oberen Schichten daher besser, wobei erwähnt werden muss, dass dieses vorhandene Kapital natürlich nicht direkt bedeutet, dass dem Kind eine positive Schullaufbahn bevor steht (Müller-Schneider 2008: 325). Ebenso relevant ist, dass die Kinder, ihrer sozialen Herkunft geschuldet, bezüglich dem Bildungsniveau in unterschiedlichen Umwelten heranwachsen, was sich auf ihren eigenen Bildungsstand schichtspezifisch auswirkt. „Dies betrifft ökonomische Ressourcen, Bildungsstand und Lebensstil der Eltern, deren Erziehungs- und Bildungsziele, den Umgang mit Medien (Bücher, TV, Videospiele etc.) oder intellektuelle Anregung" (ebd.). Diese schichtspezifischen Ausprägungen der sozialen Herkunft, welche sich alle auf die Bildungschancen der Kinder auswirken und die Chancenungleichheit vergrößern, sind nicht zuletzt der heute noch, vor allem in Städten, vorherrschenden Trennung der Wohnbezirke geschuldet. Durch diese Trennung der Schichten haben die Kinder der unteren Schichten für einen großen Zeitraum wenige Möglichkeiten höhere Bildung und Hochkultur kennen zu lernen, da nicht zuletzt auch in den Schulen keine auffallende Mischung unterschiedlicher Schichten zu erkennen ist (Hölscher 2008: 766).

4.4 Auswirkungen des schichtspezifischen Sprachgebrauchs

Als letzte Ursache der Bildungsbenachteiligungen wird nun auf den Zusammenhang zwischen der Sprachbeherrschung und dem Schulerfolg eingegangen. Es wird erläutert, wie sich die soziale Herkunft auf den Sprachgebrauch auswirkt und welche Vor- und Nachteile daraus bezüglich der Bildungschancen resultieren. Unter anderem wird hierbei auf die Arbeiten von Oevermann und Bourdieu verwiesen, welche sich mit diesem Themenbereich genauer auseinander gesetzt haben. Es wird jedoch auf die Verweisung genauerer Analysen und Studien hinsichtlich des Sprachgebrauchs verzichtet, da lediglich die Problematik bezüglich der Bildungschancen in Betracht gezogen werden soll.

Die Sprache, als wichtigstes Kommunikationsmittel, ist nicht zuletzt auch in der Schule unerlässlich. „Der Grad der Sprachbeherrschung stellt nicht nur ein Persönlichkeitsmerkmal unter anderen dar, sondern ist relevant für die Gesamtheit der psychischen Funktionen" (Oevermann 1972: 38). Der Sprachstil des Kindes wird, insbesondere in der primären Sozialisationsphase, letztlich von den Eltern vermittelt, weshalb die Sprachbeherrschung der Eltern in direktem Zusammenhang mit der des Kindes steht. In ihren Familien wird den Kindern die Schichtzugehörigkeit mit vermittelt, wodurch sie dem familiären Bildungsniveau entsprechend Sprache erlernen (Hölscher 2008: 766). Da positive Korrelationen zwischen dem Grad der Sprachbeherrschung und dem sozioökonomischen Status bestehen, spielt die soziale Herkunft in Bezug auf die Sprache eine entscheidende Rolle (Oevermann 1972: 38). Durch zahlreiche Studien wurde nachgewiesen, dass Kinder der Unterschicht durch den Sprachgebrauch ihrer Eltern negativ bei der eigenen Sprachentwicklung beeinflusst werden. Dies wirkt sich jedoch nicht nur auf den Grad der Sprachbeherrschung aus, sondern auch auf die Lesekompetenz (ebd.: 45). Die Unterschiede des Sprachgebrauchs in Bezug auf die unterschiedlichen Schichten liegen unter anderem an der Berufsausübung der Eltern. So haben die Bürger der Mittel- und Oberschicht öfter mit dem Umgang mit Menschen und somit auch mit dem Umgang mit Sprache zu tun, als die Eltern der Unterschicht (Brunsch 2007: 21 f.). Ebenso liegt ein schichtspezifischer Unterschied in der Anwendung von Sprache vor. So fordern beispielsweise die Eltern der Unterschicht ihre Kinder lediglich zu etwas auf, ohne es weiter zu erklären, während die Eltern der Mittelschicht ihren Kindern verbal deutlich machen, warum sie etwas tun oder nicht tun sollen (Rolff 1980: 106). Die Sprachentwicklung steht ebenso im Zusammenhang mit dem „objektivierten Kulturkapital", wie es Bourdieu bezeichnet. Diese Form des Kulturkapitals bezeichnet materielle Objekte, die übertragen werden können (Bourdieu 1992: 59-61). Der Besitz solcher Güter, wie beispielsweise ein Buch, kann sich wiederum positiv auf die Entwicklung der Sprache auswirken. Demnach haben Kinder der höheren Schichten einen Vorteil bei der Sprachentwicklung, da sie auf wesentlich mehr objektiviertes Kulturkapital im Elternhaus zurück greifen können, da die Eltern höherer Schichten auf Grund größerer finanzieller Mittel mehr objektiviertes Kulturkapital aufweisen können.

Diese schichtspezifischen Auswirkungen machen sich letztlich auch in der Schule bemerkbar. In der Schule spielt die Sprache nämlich die wohl schwerwiegendste Rolle für den Schulerfolg, nicht zuletzt weil der Sprachstil und die Ausdrucksfähigkeit mündlich, so wie schriftlich, von Beginn an der Schulzeit in nahezu allen Schulfächern stets mit beurteilt wird. Des Weiteren ist der Grad der Sprachbeherrschung auch mitentscheidend für das Verständnis komplexer Aufgaben und Strukturen (ebd.:132 f.). Wie eine der etlichen Studien über den schichtspezifischen Sprachgebrauch zeigt konnte beispielsweise nachgewiesen werden, dass Schülerinnen/Schüler der Unterschicht bei Lückentexten größere Probleme haben das richtige Wort zu finden, als Kinder aus den mittleren Schichten (Oevermann 1972: 62). Ebenso liegt ein wesentlicher Nachteil für die Unterschichtenkinder darin, dass die Schule allgemein, wie in Kapitel 4.1 beschrieben, für die Mittelschicht ausgelegt ist. Dementsprechend richtet sich die Schule auch nach dem Sprachniveau der Kinder der mittleren Schichten, was sich folglich nachteilhaft für die Kinder der Unterschicht ausdrückt (Brunsch 2007: 23).

All diese Ausprägungen und Auswirkungen verdeutlichen, dass die Sprache einen großen Einflussfaktor für den schulischen Erfolg darstellt. Daher, dass die Kinder die Sprache in erster Linie von ihren Eltern erlernen bestehen auch hier schichtspezifische Ungleichheiten bei den Bildungschancen, da belegt werden konnte, dass sich der Sprachgebrauch der Eltern unmittelbar auf die Sprachentwicklung der Kinder auswirkt. So werden die Kinder der unteren Schichten negativ und die Kinder der oberen Schichten positiv bei der Entwicklung der Sprache beeinflusst, was nicht zuletzt zahlreiche Tests und Studien aufzeigen konnten. Da in diesem Kapitel ebenfalls darauf hingewiesen wurde wie wichtig der Sprachstil und die Ausdrucksfähigkeit für den Schulerfolg sind, ist auch in Bezug auf die Sprache eindeutig erkennbar, dass die soziale Herkunft direkten Einfluss auf die Schullaufbahn nimmt.

5 Fazit

Ist der Schulerfolg nun vorherbestimmt oder doch frei wählbar? Eine eindeutige Antwort auf diese Frage kann man letztlich nicht geben, da beides in gewisser Weise zutrifft. Die individuelle Leistungsfähigkeit und Leistungsbereitschaft wird immer dazu beitragen, dass gewisse schichtspezifische Ungleichheiten in Maßen ausgeglichen werden können, wobei die Voraussetzungen der Individuen in Bezug auf die verschiedenen Schichten ungleich bleiben werden und die soziale Herkunft eine teils höhere Auswirkung auf den Schulerfolg hat, als die erbrachte Leistung der Schülerinnen/Schüler.

Es konnte durch einen Einblick in die unterschiedlichen Bereiche der Sozialforschung aufgezeigt werden, dass ein unbestreitbarer Zusammenhang zwischen der sozialen Herkunft und den Bildungschancen besteht, wodurch insbesondere die Kinder und Jugendlichen der unteren Schichten von Grund auf benachteiligt sind. Wie gezeigt werden konnte, werden die Ursachen dieser Benachteiligungen, aber auch Bevorzugungen, durch die verschiedensten Aspekte und Ausprägungen hervorgerufen. Die Chancengleichheit innerhalb unseres Bildungssystems bleibt demnach lediglich eine Illusion und wird es immer bleiben. Es gibt jedoch viele Ansatzpunkte, welche zu einer Verbesserung der Bildungschancen beitragen könnten, da es auch innerhalb der Schule und somit auch durch die Lehrkräfte zu schichtspezifischen Ungleichheiten kommt. Dem gilt es letztlich zuallererst entgegenzuwirken, da sich die Problembereiche innerhalb einer Institution wohl am einfachsten verbessern lassen, auch wenn das Wort „einfach" nicht auf die tatsächliche Umsetzung solcher Verbesserungsmöglichkeiten bezogen ist. Der Weg zur Chancengleichheit ist wohl ein unendlich langer. Doch gerade aus diesem Grund dürfen die bestehenden Probleme in unserem Bildungssystem nicht in Vergessenheit geraten. Nicht zuletzt auf Grund der Tatsache, dass es unser eigenes Grundgesetz so fordert (vgl. Kapitel 2.1).

Literaturverzeichnis

Baumert, Jürgen / Maaz, Kai 2006: Das theoretische und methodische Konzept von PISA zur Erfassung sozialer und kultureller Ressourcen der Herkunftsfamilie: Internationale und nationale Rahmenkonzeption, in: Baumert, Jürgen / Stanat, Petra / Watermann, Rainer (Hg.): Herkunftsbedingte Disparitäten im Bildungswesen. Vertiefende Analysen im Rahmen von PISA 2000, Wiesbaden: VS Verlag, S. 11-29.

Baumert, Jürgen et al. 2010: Der Übergang von der Grundschule in die weiterführende Schule – Leistungsgerechtigkeit und regionale, soziale und ethnisch-kulturelle Disparitäten: Zusammenfassung der zentralen Befunde, in: Bundesministerium für Bildung und Forschung (BMBF) (Hg.): Der Übergang von der Grundschule in die weiterführende Schule. Leistungsgerechtigkeit und regionale, soziale und ethnisch-kulturelle Disparitäten. http://www.bmbf.de/pub/bildungsforschung_band_vierunddreissig.pdf (01.02.2012)

Becker, Rolf 2004: Soziale Ungleichheit von Bildungschancen und Chancengleichheit, in: Becker, Rolf / Lauterbach, Wolfgang (Hg.): Bildung als Privileg? Erklärungen und Befunde zu den Ursachen der Bildungsungleichheit, Wiesbaden: VS Verlag, S. 161-193.

Becker, Rolf 2006a: Dauerhafte Bildungsungleichheiten als unerwartete Folge der Bildungsexpansion?, in: Hadjar, Andreas / Becker, Rolf (Hg.): Die Bildungsexpansion. Erwartete und unerwartete Folgen, Wiesbaden: VS Verlag, S. 27-61.

Becker, Rolf 2006b: Bildung, in: Statistisches Bundesamt (Hg.): Datenreport 2006. Zahlen und Fakten über die Bundesrepublik Deutschland. http://www.destatis.de/jetspeed/portal/cms/Sites/destatis/Internet/DE/Presse/pk/2006/Datenreport/Datenreport__pdf,property=file.pdf (01.02.2012)

Becker, Rolf 2010: Soziale Ungleichheit von Bildungschancen und Chancengerechtigkeit – eine Reanalyse mit bildungspolitischen Implikationen, in: Becker, Rolf / Lauterbach, Wolfgang (Hg.): Bildung als Privileg. Erklärungen und Befunde zu den Ursachen der Bildungsungleichheit, 4. Aufl., Wiesbaden: VS Verlag, S. 161-189.

Bolte, Karl Martin / Kappe, Dieter / Neidhardt, Friedhelm 1974: Soziale Ungleichheit, 3. Aufl., Opladen: Leske Verlag.

Bourdieu, Pierre / Passeron, Jean-Claude 1971: Die Illusion der Chancengleichheit, Stuttgart: Ernst Klett Verlag.

Bourdieu, Pierre 1992: Die verborgenen Mechanismen der Macht, Hamburg: VSA-Verlag.

Brake, Anna / Kunze, Johanna: 2004: Der Transfer kulturellen Kapitals in der Mehrgenerationenfolge. Kontinuität und Wandel zwischen den Generationen, in: Engler, Steffani / Krais, Beate (Hg.): Das kulturelle Kapital und die Macht der Klassenstrukturen. Sozialstrukturelle Verschiebungen und Wandlungsprozesse des Habitus, Weinheim/München: Juventa Verlag, S. 71-95.

Brunsch, Claudia 2007: Schichtspezifische Chancenungleichheit in deutschen Schulen. Ausprägungen, Ursachen und Lösungsansätze, Saarbrücken: VDM Verlag Dr. Müller.

Ditton, Hartmut 1992: Ungleichheit und Mobilität durch Bildung, Weinheim/München: Juventa Verlag.

Ditton, Hartmut 2004: Der Beitrag von Schule und Lehrern zur Reproduktion von Bildungsungleichheit, in: Becker, Rolf / Lauterbach, Wolfgang (Hg.): Bildung als Privileg? Erklärungen und Befunde zu den Ursachen der Bildungsungleichheit, Wiesbaden: VS Verlag, S. 251-279.

Geißler, Rainer 1994: Soziale Schichtung und Lebenschancen in Deutschland, 2. Aufl., München: Ferdinand Enke Verlag.

Geißler, Rainer 2002: Die Sozialstruktur Deutschlands, 3. Aufl., Wiesbaden: Westdeutscher Verlag.

Geißler, Rainer 2006a: Bildungschancen und soziale Herkunft. http://www.wib-potsdam.de/upload/dateien/geisslerBildungschancen.pdf (01.02.2012)

Geißler, Rainer 2006b: Die Sozialstruktur Deutschlands. Zur gesellschaftlichen Entwicklung mit einer Bilanz zur Vereinigung, 4. Aufl., Wiesbaden: VS Verlag.

Hitpass, Josef 1965: Einstellungen der Industriearbeiterschaft zu höherer Bildung. Eine Motivuntersuchung, Ratingen: Aloys Henn Verlag.

Hölscher, Barbara 2008: Sozialisation, Sozialisationskontexte, schichtspezifische Sozialisation, in: Willems, Herbert (Hg.): Lehr(er)buch Soziologie. Für die pädagogischen und soziologischen Studiengänge. Band 2, Wiesbaden: VS Verlag, S. 747-771.

Klieme, Eckhard/ Neubrand, Michael / Lüdtke, Oliver 2001: Mathematische Grundbildung: Testkonzeption und Ergebnisse, in: Baumert, Jürgen et al.: PISA 2000. Basiskompetenzen von Schülerinnen und Schüler im internationalen Vergleich, Opladen: Leske + Budrich, S. 139-190.

Köhler, Helmut 1992: Bildungsbeteiligung und Sozialpolitik in der Bundesrepublik. Zu Stabilität und Wandel der Ungleichheit von Bildungschancen, Berlin: Max-Planck-Institut für Bildungsforschung.

Lauterbach, Wolfgang / Becker, Rolf 2004: Die immerwährende Frage der Bildungsungleichheit im neuen Gewand – abschließende Gedanken, in: Becker, Rolf / Lauterbach, Wolfgang (Hg.): Bildung als Privileg? Erklärungen und Befunde zu den Ursachen der Bildungsungleichheit, Wiesbaden: VS Verlag, S. 429-445.

Maaz, Kai / Baumert, Jürgen / Trautwein, Ulrich 2010: Genese sozialer Ungleichheit im institutionellen Kontext der Schule: Wo entsteht und vergrößert sich soziale Ungleichheit?, in: Bundesministerium für Bildung und Forschung (BMBF) (Hg.): Der Übergang von der Grundschule in die weiterführende Schule. Leistungsgerechtigkeit und regionale, soziale und ethnisch-kulturelle Disparitäten. http://www.bmbf.de/pub/ bildungsforschung_band_vierunddreissig.pdf (01.02.2012)

Mayer-Kuckuk, Finn 2004: Mythos Chancengleichheit. Soziale Herkunft schlägt Leistung. http://www.spiegel.de/unispiegel/jobundberuf/0,1518,306425,00.html (01.02.2012)

Müller, Walter 1998: Erwartete und unerwartete Folgen der Bildungsexpansion, in: Kölner Zeitschrift für Soziologie und Sozialpsychologie 38, S. 81-112.

Müller-Benedict, Volker 2008: Bildungschancen. Wenn Herkunft über Zukunft entscheidet. http://www.zeit.de/2008/12/C-Studie-Bildungschancen (01.02.2012)

Müller-Schneider, Thomas 2008: Lebensstile, Milieus und Szenen, in: Willems, Herbert (Hg.): Lehr(er)buch Soziologie. Für die pädagogischen und soziologischen Studiengänge. Band 2, Wiesbaden: VS Verlag, S. 307-329.

Nold, Daniel 2010: Sozioökonomischer Status von Schülerinnen und Schülern 2008. Ergebnisse des Mikrozensus, in: Statistisches Bundesamt (Hrsg.): Wirtschaft und Statistik 2/2010. http://www.destatis.de/jetspeed/portal/cms/Sites/destatis/Internet/DE/Content/Publikationen/Querschnittsveroeffentlichungen/WirtschaftStatistik/Monatsausgaben/WistaFebruar10,property=file.pdf (01.02.2012)

Oevermann, Ulrich 1972: Sprache und soziale Herkunft, Frankfurt am Main: Suhrkamp Verlag.

Preuß, Otmar 1970: Soziale Herkunft und die Ungleichheit der Bildungschancen. Eine Untersuchung über das Eignungsurteil des Grundschullehrers, Weinheim/Berlin/Basel: Verlag Julius Beltz.

Rodax, Klaus / Spitz, Norbert 1978: Sozialstatus und Schulerfolg. Darstellung und Kritik der schichtenspezifischen Sozialisationsforschung, Heidelberg: Quelle & Meyer.

Rolff, Hans-Günther 1980: Sozialisation und Auslese durch die Schule, 9. Aufl., Heidelberg: Quelle & Meyer.

Schauenberg, Magdalena 2007: Übertrittsentscheidungen nach der Grundschule. Empirische Analysen zu familialen Lebensbedingungen und Rational-Choice, München: Herbert Utz Verlag.

Wulf, Christoph 1976: Wörterbuch der Erziehung, 3. Aufl., München: R. Piper & Co. Verlag.

Ziegenspeck, Jörg 1977: Zensur und Zeugnis in der Schule. Darstellung der allgemeinen Problematik und der gegenwärtigen Tendenzen, 3. Aufl., Hannover/Dortmund/Darmstadt/Berlin: Hermann Schroedel Verlag KG.

Abbildungs- und Tabellenverzeichnis

Abbildung 1: Das Bildungswesen in Deutschland 1952 – Verteilung auf die Schulformen

Schauenberg, Magdalena 2007: Übertrittsentscheidungen nach der Grundschule. Empirische Analysen zu familialen Lebensbedingungen und Rational-Choice, München: Herbert Utz Verlag.

Abbildung 2: Bildungswesen in Deutschland 1999 – Verteilung auf die Schulformen

Schauenberg, Magdalena 2007: Übertrittsentscheidungen nach der Grundschule. Empirische Analysen zu familialen Lebensbedingungen und Rational-Choice, München: Herbert Utz Verlag.

Abbildung 3: Entwicklung der relativen Bildungsbenachteiligung von 13- bis 14-jährigen Schulkindern in der Bundesrepublik Deutschland von 1952 bis 2000 – Besuch des Gymnasiums nach sozialer Herkunft

Becker, Rolf 2004: Soziale Ungleichheit von Bildungschancen und Chancengleichheit, in: Becker, Rolf / Lauterbach, Wolfgang (Hg.): Bildung als Privileg? Erklärungen und Befunde zu den Ursachen der Bildungsungleichheit, Wiesbaden: VS Verlag, S. 161-193.

Abbildung 4: Vereinfachtes Modell der Genese von Bildungsentscheidungen nach den Grundannahmen der Werterwartungstheorie

Maaz, Kai / Baumert, Jürgen / Trautwein, Ulrich 2010: Genese sozialer Ungleichheit im institutionellen Kontext der Schule: Wo entsteht und vergrößert sich soziale Ungleichheit?, in: Bundesministerium für Bildung und Forschung (BMBF) (Hg.): Der Übergang von der Grundschule in die weiterführende Schule. Leistungsgerechtigkeit und regionale, soziale und ethnisch-kulturelle Disparitäten. http://www.bmbf.de/pub/bildungsforschung_band_vierunddreissig.pdf (01.02.2012)

Abbildung 5: Nötige Punktzahl für eine Gymnasialempfehlung nach Schulabschluss des Vaters

Allmendinger, Jutta 2003: Soziale Herkunft, Schule und Kompetenzen, in: Hans-Seidel-Stiftung e. V. (Hg.): Politische Studien. http://www.hss.de/fileadmin/migration/downloads/Sonderheft03.pdf (01.02.2012)

Abbildung 6: Modell zur Entstehung sozialer Disparitäten im Bildungssystem nach Boudon

Allmendinger, Jutta 2003: Soziale Herkunft, Schule und Kompetenzen, in: Hans-Seidel-Stiftung e. V. (Hg.): Politische Studien. http://www.hss.de/fileadmin/migration/downloads/Sonderheft03.pdf (01.02.2012)

Tabelle 1: Prozent-Anteil der Notengebungen in Bezug auf ein positives und ein negatives Vorurteil

Ziegenspeck, Jörg 1977: Zensur und Zeugnis in der Schule. Darstellung der allgemeinen Problematik und der gegenwärtigen Tendenzen, 3. Aufl., Hannover/Dortmund/Darmstadt/Berlin: Hermann Schroedel Verlag KG.

Tabelle 2: Mittelwerte der Zensuren von guten und schwachen Schulkindern des 3. Schuljahres

Rodax, Klaus / Spitz, Norbert 1978: Sozialstatus und Schulerfolg. Darstellung und Kritik der schichtenspezifischen Sozialisationsforschung, Heidelberg: Quelle & Meyer.

Tabelle 3: Lehrerempfehlungen nach sozialer Lage und Notendurchschnitt

Ditton, Hartmut 1992: Ungleichheit und Mobilität durch Bildung, Weinheim/München: Juventa Verlag.

Tabelle 4: Schülerinnen und Schüler 2008 nach besuchter Schulart und höchstem allgemeinen Schulabschluss in der Familie – Ergebnis des Mikrozensus

Nold, Daniel 2010: Sozioökonomischer Status von Schülerinnen und Schülern 2008.
Ergebnisse des Mikrozensus, in: Statistisches Bundesamt (Hrsg.): Wirtschaft und Statistik 2/2010. http://www.destatis.de/jetspeed/portal/cms/Sites/destatis/Internet/DE/Content/Publikationen/Querschnittsveroeffentlichungen/WirtschaftStatistik/Monatsausgaben/WistaFebruar10,property=file.pdf (01.02.2012)